城市化的中国：机遇与挑战

本书编委会　组　编

编　　委　徐浩洵
陈有钢
余　进
欧高敦（Gordon Orr）
华强森（Jonathan Woetzel）
梁敦临（Nicolas Leung）
主　　编　王磊智（Glenn Leibowitz）

执行主编　林　琳　　张　雯

上海交通大學出版社
SHANGHAI JIAO TONG UNIVERSITY PRESS

内 容 提 要

本书以城市化的中国：机遇与挑战为主题，文章包括：城市化的世界：释放新兴市场潜力、创新公租房制度设计 完善住房保障体系、中国的发展挑战与政府的角色、民众：亟待开发的资产、科技引领智能城市等。作者为麦肯锡全球各分支机构的董事和顾问等。

本书可供中国企业高管和相关研究人员参考、阅读。

图书在版编目(CIP)数据

城市化的中国：机遇与挑战 / 《城市化的中国：机遇与挑战》编委会组编. —上海:上海交通大学出版社,2013
ISBN 978-7-313-09244-1

Ⅰ.① 城… Ⅱ.① 城… Ⅲ.① 城市化-研究-中国 Ⅳ.① F299.21

中国版本图书馆CIP数据核字(2012)第286591号

城市化的中国：机遇与挑战

《城市化的中国：机遇与挑战》编委会 组编

上海交通大学出版社出版发行

(上海市番禺路951号 邮政编码200030)

电话:64071208 出版人:韩建民

上海锦佳印刷有限公司印刷 全国新华书店经销

开本:889mm×1194mm 1/16 印张:7.25 字数:130千字

2013年1月第1版 2013年5月第2次印刷

印数：2031～4060

ISBN 978-7-313-09244-1/F 定价:48.00元

导 读 This Quarter

全球城市化进程经历了三波浪潮。第一波乃发端于英国的欧洲城市化，自1750年开始，历时近200年，实现了英国和欧洲大多数国家的城市化；第二波为仅用100年左右的时间就完成了基本进程的美国城市化。第三波则是由中国引领的新兴国家城市化，其速度和规模令人难以置信：2007年至2050年期间，城市人口预计将新增31亿，之中的29亿由新兴国家贡献，而发达国家的城市人口仅仅增长2亿。我们可以毫不夸张地说，一路高歌猛进的第三波城市化不仅决定着新兴国家自身的命运，也在相当程度上书写着人类社会的未来。这一季我们将重点讨论以中国为代表的新兴国家城市化浪潮是如何影响世界经济格局，以及企业又该如何才能抓住这前所未有的巨大商机。

冬季刊的开篇之作为Richard Dobbs、Jonathan Woetzel和Jaana Remes带来的《城市化的世界：释放新兴市场潜力》。文章指出，我们正在亲眼目睹有史以来最为显著的世界经济重心转移：新兴国家城市人口快速膨胀，其国民收入水平正逐步提高，新消费群体将推动许多商品和服务需求的快速增长，他们将成为世界经济的主导力量。然而，目前只有不到1/5的企业领导者选择以城市作为发展重心。作者们警告道，若还将战略导向拘泥于国家或地区，那些对新兴市场缺乏了解的企业终将付出代价。因此，企业必须以城市为重心制定并实施战略，把资源更有效地投入到新兴市场。

可以想象，未来“全球最伟大公司”一定是那些新兴市场的赢家。《30万亿美元大奖：如何在新兴市场赢得十项全能竞赛？》一文指出，到2025年，新兴市场的年消费额将达到30万亿美元，有望贡献超过70%的全球GDP增长。对全球型企业而言，深耕新兴市场将成为无法回避的首要任务。一场没有硝烟的商战徐徐拉开大幕，新兴市场所呈现的挑战更像是十项全能竞赛，公司就像运动员一样必须参加所有项目，并且要在所有项目中表现卓越。制胜新兴市场，需要磨炼哪些能力？作者们认为，企业需要掌握以投得准、跳得进和跑得远为特征的十种关键能力。我们建议，作为企业领导人的您不妨以此进行对标，比较自己和竞争对手的能力，作出明智部署，方能在新兴市场建立实力地位。

所谓“赢心者赢天下”，若想在新兴市场打赢这场商战，首先须赢得崛起中的新消费阶层——他们有着与发达国家消费者迥异的特征。《应对迅速分化的中国消费阶层》对全球最大的增长市场中国进行了细致剖析。中国出现了两类分化的消费群——刚刚开始享受非生活必需品及服务的大众消费群和越来越接近发达国家消费模式的新主流消费群——他们越来越注重个人享受，个性的情感诉求以及忠于自己喜爱的品牌。鉴于这两个群体的分化速度如此之快，企业亟待找到两全的营销战略，既要赢得快速增长的新主流消费群市场，更要巩固庞大的大众消费群市场。只有同时将两个市场做好的企业才能获得远超投入的回报。

最后，我们愿这本冬季刊能够切实为您提供深刻有益的洞见，同时帮助企业领导人把握住新商业时代的机遇。

祝您开卷愉快！

梁敦临

麦肯锡大中华区总经理

目 录

CONTENTS

洞 见

精 选

您现在可以在 iTunes 收听和下载“麦肯锡谈中国”播客

麦肯锡的专家就中国时下最热的经济话题展开深入对话。
麦肯锡大中华区总经理梁敦临是这一系列访谈的主持人。

播客链接：http://www.mckinseychina.com/zh/podcasts/

关注《麦肯锡季刊》中文微博，我们在
http://e.weibo.com/mckinseyquarterlycn
ID：麦肯锡季刊

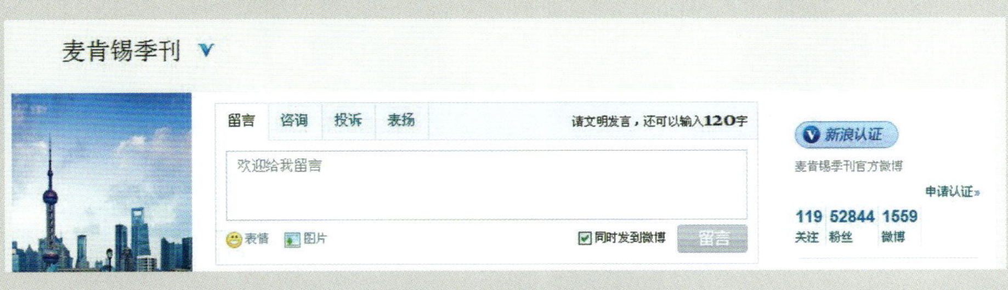

McKinsey Quarterly

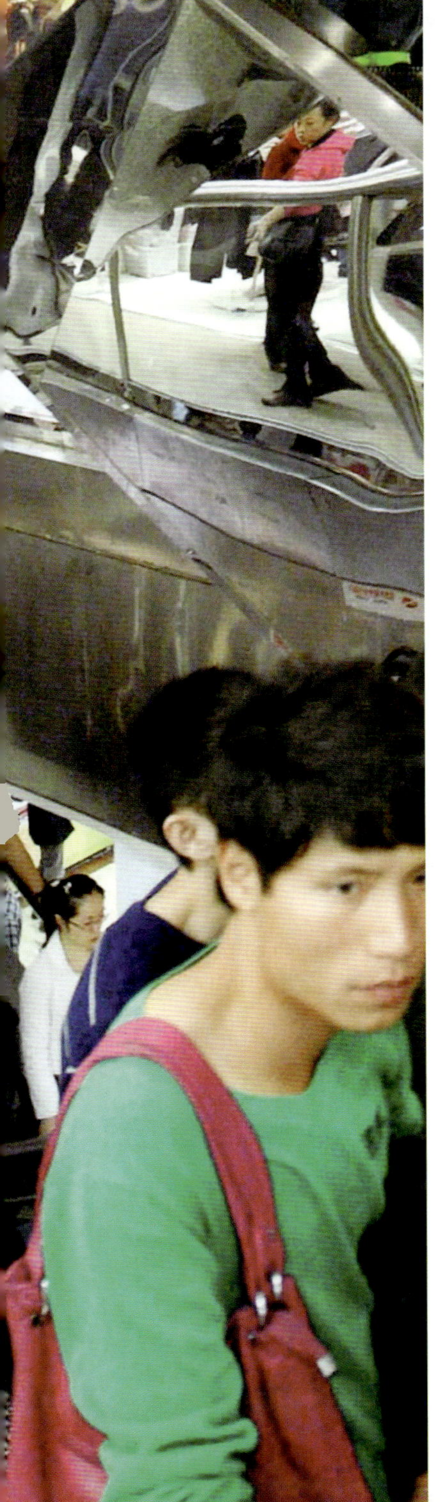

特写

中国引领新兴国家城市化

快速席卷而来的城市化浪潮正在推动新兴市场的高速增长，并以前所未有的速度和规模使全球经济中心向着东部和南部倾斜，为脆弱的世界经济注入了强心剂。第一篇来自麦肯锡全球研究院（MGI）的报告，告诫企业必须以城市，而不能想当然地以国家为单位制定战略。中国，毫无疑问是这波城市化的桥头堡。然而中国当前也面临突出的挑战，比如在总人口260万的中国中部城市黄石，当地政府摸索出了新的公共租赁房制度建设和模式，第二篇文章就此进行了探讨。第三篇文章称巨大的经济和社会不公平、经济结构的失衡、腐败问题，以及环境和生态退化等问题交织存在，是中国走向公平、可持续的高收入国家的绊脚石，需要尽早并富有技巧性地进行处理。

城市化的世界：释放新兴市场潜力

Richard Dobbs
Jonathan Woetzel
Jaana Remes

全球经济重心正在向亚洲转移，在这一过程中，以中国城市为首的新兴城市正在成为世界经济发展的发动机。城市的作用和角色将会越来越大。这时，企业若还将战略单位拘泥于国家或地区，就会错失机遇。

过去三年，经济衰退给美国和西欧国家造成了巨大冲击，同时遏制了城市在这些国家和地区的发展。新兴经济体的城市化进程则越来越快，给面临多重挑战的世界经济带来了利好刺激，成为其增长的发动机。

越来越多的人迁往城市居住，他们不仅使对资源的利用更高效，同时也使得数百万人的收入水平显著提高。到2025年，全球将有10亿城市人口跻身“消费阶层”，其收入水平足以让他们成为商品和服务的重要消费者[1]。而这其中有大约6亿人居住在新兴城市。

新兴城市的人均GDP随着城市化步伐的加快而提升。新兴城市GDP与发达城市GDP之比从2007的37%增长到2010年的50%（见图1、图2）。就中国而言，在这三年中，其人口规模在1000万或以上的大城市GDP与美国大城市GDP相比，从前者是后者的20%增长到了37%。同时又有三个中国城市达到了超大城市级别——天津、广州、深圳，平均一年新增一个超大城市。如果保持现在的发展速度，中国城市人口将从2005年的5.7亿增长为2025年的9.25亿， 所增城市人口甚至超过了现在美国的总人口。到那时，

[1] 我们将消费阶层或消费者定义为年收入超过3600美元或日均购买力平价为10美元的个人。

人均GDP与城市化[1]

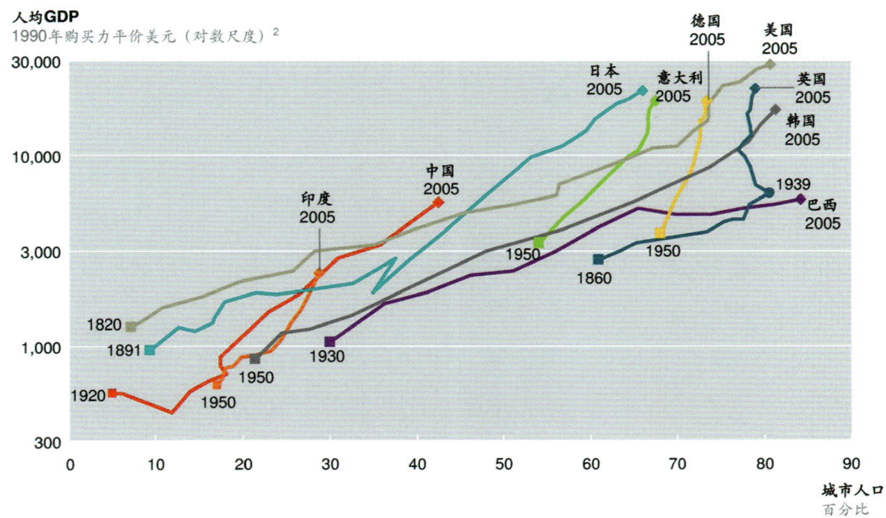

1 城市化的定义因国家而异；1950年前的英国数据为估计值

2 历史人均GDP数据以1990年国际元 (Geary-Khamis dollars) 表示，能够反映购买力平价

资料来源：联合国人口部门；Angus Maddison via Timetrics；环球透视；英格兰和威尔士普查报告；Honda in Steckel & Floud，1997年；Bairoch，1975年

图1　人均GDP随着城市化率的提高而上升

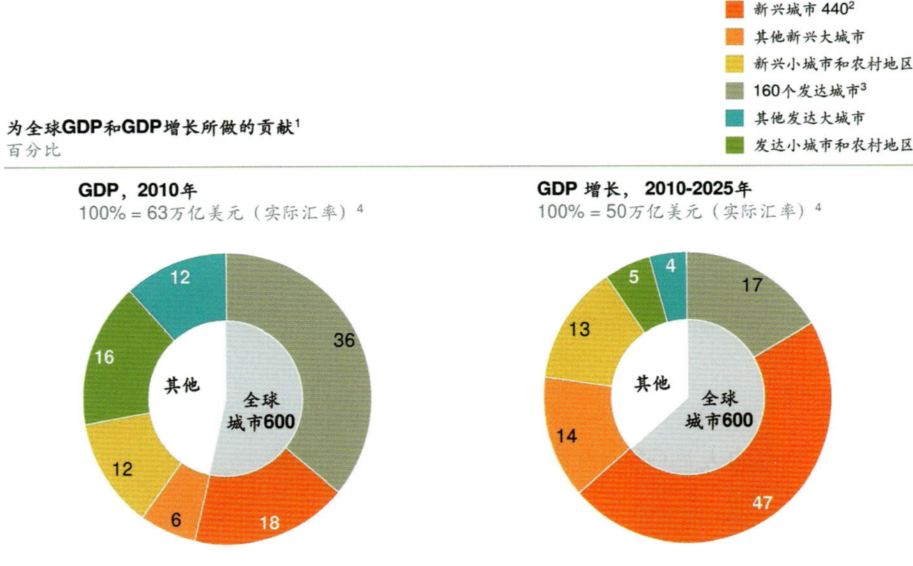

1 全球GDP和GDP增长数据包括Cityscope中的2600多个大城市以及小城市和农村地区

2 新兴城市440指的是全球城市600中的443个新兴市场城市

3 全球城市600中的157个发达市场城市

4 2010年实际汇率(RER)指的是市场汇率。2025年RER是根据各国相对于美国的人均GDP增长率差额预测的

资料来源：麦肯锡全球研究院Cityscope 2.0

图2　新兴城市440将贡献几乎一半的全球GDP增长

中国的242个城市将贡献全球1/4的GDP增长。

新消费阶层迅速增长的收入，拉动了许多商品和服务的需求。世界范围内为满足急速增长的城市消费阶层的需求，必将掀起住房与基础设施的建设热潮。我们预计，城市所需的年度实物资本投资将会增加一倍以上，从当前的10万亿美元增加到2025年的20万亿美元以上，其中大部分增长将发生在新兴市场。

然而，近期的调研显示，不足1/5的企业管理者在选择业务地点时以城市为单位（而不是以国家为单位）。超过60%的人认为城市“与战略规划单元无关”。随着这些新兴城市的繁荣发展，那些对于新兴市场缺乏了解的企业将会付出代价——可能主要体现在错误的资源分配方面。

将投资从既定市场转向具有更大潜力的市场比较困难，这一点在我们的其他研究中也得到证实 。通常预算会比较紧张，因为企业关注的是当前机遇，而不是未来机遇。

一些城市的消费增长已经超过了一些国家市场的潜力。以洗涤护理产品为例，预计从2010年到2020年，北京将实现5亿美元的增幅，这甚至超过了法国整个国家的增幅（见图3）。同时，很多中等规模的新兴市场城市虽然大有潜力，却并不为人熟知，例如釜山、Porto Allegre、苏拉特（Surat）——这些城市都有400万以上的人口，增长迅速，且拥有大量消费群体，然而它们却很少出现在全球管理者的重要地区名单上。实际上，这些

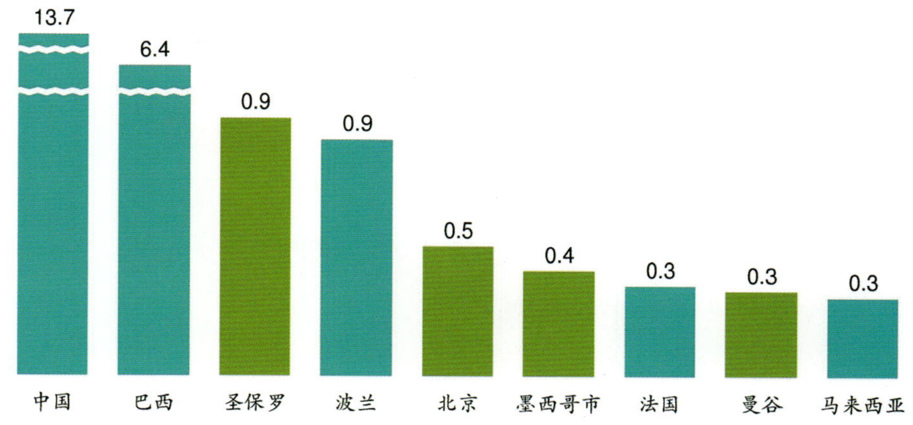

图3 有些城市市场的增长超过了整个国家的增长，这凸显了企业选择具体参与地点（以城市为单位）的重要性

地区对于全球增长的贡献甚至要高于马德里、米兰或苏黎世。

制定和实施以这些城市为中心的战略需要高级管理人员的重视，公司组织结构也需要进行相应调整，工作重点需要从地区或国家市场转移到城市上。同时，管理者还需要做出艰难的决策，把资源从其他市场解放出来，投入到快速发展的市场中。

以此为战略导向的公司有望获得先行者优势。对于一些公司来说，更好地了解人口统计学和收入变化趋势也就足够了，例如了解哪些城市存在快速增长的年龄较大、较富裕的消费者。而对另一些公司来说，可能需要更加深入地研究具体产品在目标市场中的市场动态。为了说明公司以城市为单元进行战略发展的不同机遇，我们研究了具有不同需求背景的五个行业。针对各个行业，按照增长潜力排序（见图4）。以下为主要发现：

中国　除中国外新兴地区　发达地区

2010到2025年，Cityscope按增长进行的城市排名

排名	老年高收入消费者[1]	年轻初级消费者[2]	洗涤护理产品[3]	商业楼层空间[4]	城市用水需求
1	上海	拉各斯	圣保罗	纽约	孟买
2	北京	达累斯萨拉姆	北京	北京	德里
3	东京	达卡	里约热内卢	上海	上海
4	天津	瓦加杜古	上海	洛杉矶	广州
5	孟买	喀土穆	墨西哥城	东京	北京
6	圣保罗	加济阿巴德	莫斯科	华盛顿特区	布宜诺斯艾利斯
7	大阪	萨那	曼谷	达拉斯	加尔各答
8	重庆	内罗比	伊斯坦布尔	圣保罗	喀土穆
9	德里	罗安达	马尼拉	广州	达卡
10	南京	巴格达	约翰内斯堡	芝加哥	伊斯坦布尔
11	广州	坎帕拉	贝洛哈里桑塔	休斯顿	达拉斯
12	纽约	伊巴丹	阿雷格里港	天津	普纳
13	首尔	卢萨卡	布宜诺斯艾利斯	莫斯科	拉斯维加斯
14	香港	金沙萨	天津	亚特兰大	卡拉奇
15	武汉	卡诺	德黑兰	迈阿密	圣保罗
16	加尔各答	阿比让	纽约	香港	印度海得拉巴
17	沈阳	阿布贾	佛山	墨西哥城	拉各斯
18	洛杉矶	巴马科	圣地亚哥	深圳	莫斯科
19	多伦多	吉大港	深圳	凤凰城	武汉
20	艾哈迈达巴德	哈科特港	伦敦	伊斯坦布尔	马尼拉

1 按PPP计算，家庭收入超过2万美元的65岁以上人口增长情况
2 按PPP计算，家庭收入在7500到2万美元之间的14岁及以下年龄段人口的增长情况
3 根据城市级市场需求增长模式预测的消费者洗涤护理产品支出增长情况
4 包括置换楼层空间

资料来源：麦肯锡全球研究院分析

图4　到2025年最重要的20个增长热点

- 中老年保健产品，上海和北京的市场需求最大。这两个城市，年龄较大的消费者群体持续增长，他们的年收入也足够高（以购买力平价为基础，在2万美元以上），可以负担得起此类产品。在排名前十的城市中，东京和大阪是仅有的两个发达国家城市——这表明消费者的老龄化趋势不再是发达国家的专属。

■ 婴儿食品。考虑到收入水平和人口统计学数据——尤其是有儿童的家庭数量，我们发现，非洲城市具有巨大发展潜力。在排名前十的城市中，非洲占了半数以上。这些城市中年收入在7500到20000美元（以购买力平价为基础）家庭中的儿童数量快速增加 。

■ 在洗涤产品市场分析中，圣保罗、北京、里约热内卢和上海的市场增长潜力最大。实际上，在未来十年中，圣保罗的洗涤剂和相关清洁产品的销售增幅可能会超过法国和印尼的全国市场。这可能还仅是新兴市场的冰山一角。我们预计，到2025年，发展中国家的城市消费者的洗涤产品支出将增加14万亿美元。

■ 到2025年，全球城市的物质资本投资每年至少将比现在多10万亿美元——包括从办公大楼到新港口设施的方方面面。在建筑方面，所需的新建筑面积相当于目前住宅和商用建筑总面积的85%；其中40%的增长都将来自中国。

■ 到2025年，另一迫切需求——城市水利基础设施建设将需要4800亿美元的投资，其中80%在新兴市场。孟买和德里将引领这一市场。

估计

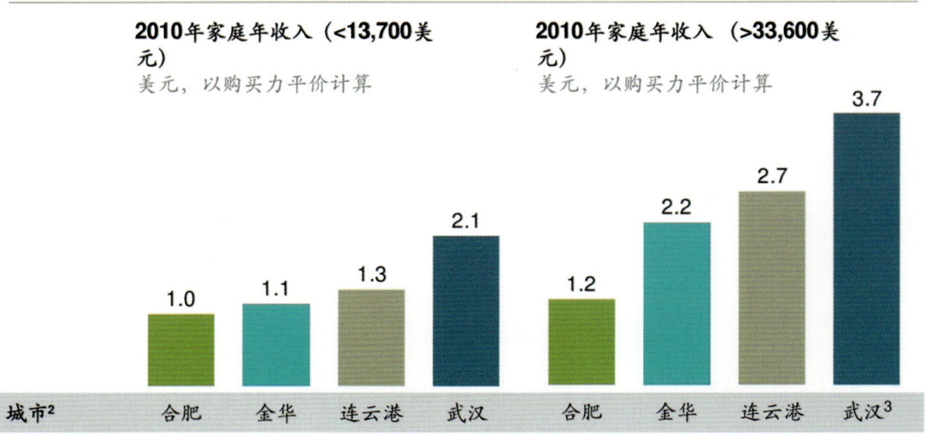

1 每户平均消耗量，以年收入在13700美元以下的合肥家庭的消费作为基准
2 2010年中国的中等城市，人口规模在110万（连云港）和970万（武汉）之间
3 由于缺少收入在33600到51900美元之间的家庭调查数据，武汉数据仅适用于收入超过51900美元的家庭

资料来源：2010年中国年度调查透视；麦肯锡全球研究院分析

图5　中国不同城市的消费需求差异很大

除了支持设定地域战略重点以外，城市层面的研究还可以帮助公司更好地调整营销战略。即使在同一国家，各地消费者的偏好不同，其产品的购买也会有所差异。市场营销人员在根据家庭收入和产品类型快速绘制销售曲线的时候，可能会忽略当地消费者的偏好。酸奶销售可以显示各地区消费者偏好的差异，而这种差异在国家层面是无法体现出来的。我们发现，即使对收入水平进行调整后，武汉的典型家庭对酸奶的支出显著高于其他三个中国可比城市（见图5）。针对不同产品，了解各城市不同的支出模式，可以让公司更好地分配营销和分销资源。

由于全球经济活动重心正在向发展中国家转移，公司应该了解各个城市的增长情况。以城市为单位制定战略的管理者可以更有效地分配投资，从而更好地抓住发展机遇。Q

（如需了解更多内容，请阅读麦肯锡全球研究院的完整报告。http://www.mckinsey.com/insights/mgi/research/urbanization/urban_world_cities_and_the_rise_of_the_consuming_class.）

Richard Dobbs是麦肯锡全球研究院和首尔分公司的全球资深董事；
Jonathan Woetzel（华强森）是麦肯锡上海分公司的全球资深董事；
Jaana Remes是麦肯锡全球研究院驻旧金山分公司的资深顾问。

创新公租房制度设计　完善住房保障体系
——专访黄石副市长谢承祥

陈华

在总人口260万的中国中部城市黄石，住房矛盾曾经十分突出。该市副市长谢承祥接受了城市中国计划战略总监陈华的访谈，介绍了黄石创新的公共租赁房制度建设和模式。

陈华：为什么住房保障问题成了黄石政府的一项首要挑战？

谢承祥：近年来，我国很多地方出现了房价过高、上涨过快的现象，很多百姓住不起房、住不上房，住房问题成为影响社会稳定、经济发展的一个突出的民生问题。

黄石面临着严峻的住房困难。作为典型的工矿城市，黄石市经历过繁荣和发展，但由于矿产资源日渐枯竭和国有企业改革，许多工矿企业倒闭或改制，大量工人下岗失业，他们依然居住在矿区的简易房里，逐步变成了棚户区，类似于有些国家的“贫民窟”。据统计，当时黄石市这种棚户区一共有164片，占地面积约200万平方米，聚居居民12000余户，全市80%以上的低收入家庭居住其中。

棚户区的基础设施和公共服务都很落后，治安也差，与本市其他相对新开发的小区形成鲜明对比，加大了贫富差距的分化。这种现象造成了黄石很多百姓对居住环境的不满，改善居住条件成为他们的共同心声。在每年的“两会”中，这方面的提案很多，呼吁市政府承诺解决这个问题。

与此同时，农村进城务工人员、新就业大学生等城市新市民加速涌现，他们的住房需求也使得住房矛盾进一步凸显。

随着经济的发展，中央和地方政府都积累了不错的财力，各级政府也有能力着手解决这个问题。这几年中央政府提出了改善民生的大方针，同时对地方政府提出了明确要求，下达了硬性指标，分解到各地。

“十二五”期间，中国计划新建保障性住房3600万套，保障性住房覆

中国黄石为解决城市低收入者的住房矛盾提供了思路。

盖率可以达到20%。2010年我国投资兴建了保障性住房590万套，竣工370万套。2011年我国保障性住房和棚户区改造住房的目标相比2010年几乎要翻一番，达到1000万套。

黄石市是国家住房与城乡建设部、国家开发银行列为全国公共租赁住房制度建设和开发性金融支持住房保障体系建设的双试点城市。可以说地方政府收到了来自上层（即中央政府）和下层（即地方百姓）两个方面的压力和动力，必须要采取行动，解决问题。

陈华：黄石解决住房保障问题最大的挑战有哪些？

谢承祥：首先是启动资金问题。

为解决这个问题，黄石市坚持住房保障公益性为基本取向，以发展公共租赁房为核心，建立了融资平台。我们将公共财政中的保障性住房建设资金、资产（主要是政府划拨的保障住房建设用地）1.35亿元全部纳入一个国有控股的保障性住房建设和棚户区改造投融资的专业平台——黄石众邦城市住房投资有限公司（以下简称“众邦公司”）。

市政府将规划中的保障性住房地块以划拨价格出让给众邦公司，市财政返还一定金额平抑保障性住房的土地成本。同时，市政府还将6000亩建设用地收储和出让计划注入众邦公司。

同时，依托该公司向国家开发银行、商业银行以及企业和个人筹集建设资金。目前，该公司注册资本金由组建时的1.35亿元人民币扩大到5亿元，总资产由当初的2亿元增加到20亿元，累计融资6.5亿元。政府还进行了相关的税费减免。

在这样的一揽子措施下，保障住房的建设和运行可以正常开展起来。

其次是如何保障项目的可持续性。

- 住房采取租售结合的方式。出售价格低于市场价格。出售可以帮助众邦公司尽快回笼建设运转资金。三口之家50平方米的房屋租金大约是每月70~80元，只相当于市场价格的20%左右。

- 众邦公司对保障房进行建设和管理的收入来源主要是：政府的补贴、租售收入、政策银行低息贷款以及项目附带的服务性商业发开收入（主要是零售业）。虽然资金压力一直存在，但是还能够正常运作。

- 管理挑战，即如何保证分配的公平。

黄石的流动人口相对较少，人口基本情况比较好掌握。政府与银行和税收部门建立信息化网络，进行信息采集，并且动用社区力量和社会监督，对公租房的获取情况进行公示。

同时每两年重新审核一次租房资格，不符合低收入条件的承租户要搬出来或者按照市场价格支付租金。

为了保证可以有效实施，实行了“租补分离”的办法，即由众邦公司委托社会中介机构依据地段、房型、面积等因素，参照同地段、同类型房屋的市场租金水平制定公共租赁住房市场租赁价格，每隔两年重新审定该价格，再按照市场租赁价格向租房申请者出租，不同地段、户型不同价格，各取所需、一视同仁；然后，由市住房保障中心按照承租户的收入、住房及身份情况，分类核定补贴。补贴标准每年都要审核公示，根据审核情况调整补贴标准。

陈华：请问对这一整套住房保障模式效果和影响的评估如何？

谢承祥：最终来看，评价标准有四个：百姓是否满意；是否有效改善了中低收入家庭的居住环境；是否推动了区域产业经济发展；中央政府是否认可。

黄石市公租房改革是在不违背国家大政方针的前提下，抢抓机遇进行的探索实践，既不“伤筋动骨”又符合改革方向，有效发挥了房管等职能部门的作用，同时优化放大了地方政府可用资源。改革实施以来开工建设的保障性住房数量超过过去十年的总和，住房保障模式探索取得了阶段性成效，得到了中央和省级领导的肯定。

自2009年以来，黄石市共筹集和建设公共租赁住房18730套、103万平方米，开工各类棚户区改造16312户、57万平方米，极大缓解了城市低收入家庭住房难问题。

按照黄石市公共租赁住房建设规划，今后5年建设公租房45000套、240万平方米，分解为46个子项目，总投资59亿元人民币。同时，我们将所有没有能力实现住房愿望的市民全部纳入到市政府的住房保障范围，包括棚户区改造人口、危旧房改造人口、城中村改造人口和城市流动人口。

我国现有的住房保障政策、制度、产品不能完全适应形势变化，很多地方政府把保障性住房建设当成负担、包袱和无底洞。我们认为抓住房保障工作既要算经济账、也要算社会账，既算眼前账，也算长远账，通过创新制度设计，完全可以变困难为机遇、变压力为动力、变包袱为财富，实现政府形象、社会进步、经济发展三个目标的高度统一。Q

关于谢承祥

湖北黄石市副市长；1996年加入中国国土资源部（前身为“地质矿产部”），2009年开始担任中央地质勘查基金管理中心副主任；2011年任黄石市副市长；拥有中国地质大学硕士学位；全国青联委员。

陈华是城市中国计划战略总监。

中国的发展挑战与政府的角色

卢迈

中国走向公平、可持续的高收入国家的绊脚石，需要尽早并富有技巧性地进行处理。

改革开放以来，中国经济取得了长足发展，迈入中等收入国家的行列。2011年，中国的人均GDP达到了35083元，按现行汇率折算约5432美元，如果按照世界银行的购买力平价来衡量，这一数值还要更高。从经济和社会发展成就上看，中国现在已经是一个不折不扣的中等收入国家。

与此同时，中国当前也面临突出的挑战，包括巨大的经济和社会不公平问题、经济结构的失衡、腐败问题，以及环境和生态退化等问题。以收入分配差距为例，尽管最近两三年来中国的收入差距扩大趋势有所减缓，但以基尼系数衡量的总体收入差距仍保持在0.48左右的高位（中国发展研究基金会，2012），其中城乡差距过大是收入差距居高不下的重要原因。这些问题相互交织，是中国走向公平、可持续的高收入国家的绊脚石，需要尽早并富有技巧性地进行处理。

那么，当前存在一个政策切入点，使中国能够系统地、一揽子地应对上述挑战吗？答案是肯定的，那就是城市化。

城市化是中国当前最重要的社会变迁过程之一，在经历了长期的人为抑制之后，中国的城市化从20世纪90年代中期开始加速，至今仍在持续。城市化为中国缩小城乡和地区差距的鸿沟、扩大内需和经济再平衡、形成公民社会和改善治理、更有效率地使用资源和控制污染提供了重要机遇。但是，在另一方面，由于许多制度上的约束，城市化应对上述挑战的潜力还没有充分地发挥。比如，由于实行户籍制度，超过1.5亿的农村流动人口在城市里

就业和生活，但是他们却没有所在城市的户口，并且因此不能享受和当地户籍居民同等的公共服务，由此增加农民工及其家庭的脆弱性，并且也增加了整个经济的脆弱性和不平等（中国发展研究基金会，2010）。

北京。过去20年的城市化是中国当前最重要的社会变迁过程之一。

推进城市化进程，应该成为中国当前的一个战略性的选择，并根据城市化的需要进行一系列的改革。首先，进一步推进市场化的改革。城市化首先是一个市场进程，人、资金、技术和其他要素在市场价格的引导下积聚、重组并形成生产力，政府需要尊重市场的选择，加快劳动力市场、资本市场、土地市场以及技术开发和知识产权领域市场化改革。但是，城市化同时也是政府能够有所作为的过程，政府应该采取政策措施减少市场失灵，比如明晰产权、反垄断、保护环境等等，使资源配置更加符合社会整体的、长远的利益。

其次，渐进地改革户籍制度。地方政府应该进一步放松对户籍的管制，制定一个10~20年的时间表，使每年超过1000万的农民工及其家庭成员能够真正在城市定居，并享受与城市户籍居民同等的公共服务。中央政府应该使城市的土地使用以及财政转移支付和进城定居的农民工的数量相挂钩，鼓励

地方政府采取有利于城市化的户籍政策。

第三，完善城市化的总体规划。中央和地方政府应该根据城市化的趋势、人口流动的特征以及中长期的资源需求以及环境的约束，对城市化布局进行科学合理的规划，并使规划得到有效实施。考虑到中国的环境和资源约束，中国应该考虑走以城市群为主体的城市化形态。未来需要进一步发展城市之间的交通网络和基础设施，实现城市群的同城化，既享受城市化所带来的资源和要素集聚带来的好处，又避免“城市病”的不利影响。

最后，在城市化中提高社会管理和公共治理的水平。在城市化过程中，不仅需要经济制度的调整，也需要社会和政治体制的改革。政府应该鼓励公民社会的形成，发挥其在公共事务中的角色，接受公民社会对政府行为的监督。此外，政府还应该推进政治民主化改革，扩大城镇和农村居民的权利，使公民有更多地机会参与公共事务决策，更好地防控制腐败的发生，促进发展成果共享。Q

卢迈

中国发展研究基金会秘书长

1981年毕业于北京经济学院，获经济学学士学位。1986年~1989年，先后任国务院农村发展研究中心（农研中心）发展研究所市场研究室主任，农研中心联络室副主任，农研中心农村改革试验区办公室副主任、主任。国务院经济体制改革领导小组办公室成员，流通体制改革领导小组成员。1990年~1991年，美国哈佛大学肯尼迪政府学院学习，获公共管理硕士学位。1991年~1993年，美国哈佛大学国际发展研究所副研究员兼政府系副研究员。1993年~1995年，香港理工大学中国商业中心高级研究员。1995年回国，到国务院发展研究中心工作，任研究员、国际合作局副局长等职。1998年起，担任中国发展研究基金会副秘书长、秘书长。

民众：亟待开发的资产

Matthew Taylor

将民众视为创新的源泉和服务的共同提供者，而非仅仅是消费者，能够有助于塑造更有生产力的政府。

有一个问题我常常问政府公务员，但很少能得到正确的回答：在过去的十几年里，哪项公共服务经历了最彻底的变革，从服务对象被动接受转变为由提供方和服务对象共同主导？

答案就是垃圾回收。英格兰的回收率仍然低于许多欧洲国家，但是正在提速。从1997年到2009年，家庭回收或堆肥垃圾的比例从8%增长到了40%，增速为5倍。这意味着当地政府的成本增加了，但随着越来越多的市民对垃圾管理增强了责任感，因此在全国还是能够持续下去的。

应该有更多的公共服务学习垃圾回收的经验。即使在信贷危机和政府支出缩减之前，英国RSA皇家艺术、制造与商业促进会就已经意识到我们称之为“社会期望差距”的存在，它是多数民众对未来的期望和行为态度限制下的现状之间的差距。诚然，有效的政策和技术的进步是解决这种差距的重要途径，但是同等重要的是调动民众，积极参与，共同打造他们所期望的未来。

通常而言，民主、负责任的政府和它们的民众有着相同的目标：都希望孩子在学校里表现好，老人得到应有的尊重和看护，邻里和睦安全、守望相助。无论是家长式的旧思维还是消费至上的新模式，都把这些视为国家应赋予的权利。然而，随着我们的期望和可负担的现状之间的差距越来越明显，这些思维模式必须要改变。

我们都清楚，孩子教育成果的决定因素之一就是父母的参与；注意营养、锻炼身体、听从医嘱对国民健康的重要性远远大于官方的手术存活率等统计数据；如果社区缺乏公共安全的基本规范和责任感，那么再多的警察也于事无补。因此，RSA建议用新办法来衡量公共服务的有效性：如果政府部门能够调动民众为达到自身和集体的需求而做贡献，那么就能提高社会的生产力。

如果这么说太抽象太理想化，那么社会关怀也是一个例子。10年前，残障人士和护理员希望有更多服务可以自主选择，而如何管理好他们得到的服务足令政府部门头疼。现在，由他们自己管理个人预算，可以直接领取现金补贴或者自己管理预算支出。补贴金可能并不多，但是公民能够行使个人权力，自主选择怎么用这笔钱最有用。他们可以付钱让家人朋友提供护理，或者几个人合力共同订购所需的服务。比如，有几个残障人士都住在同一所心理健康中心，他们集资买了一套健身设备，这为他们提供了一个社交渠道。当地政府曾经用来支付残障人士固定服务的钱也可以直接补贴给本人。

来自民众的力量：这些易拉罐正在伦敦的一个工厂等待处理。随着民众参与度的增加，英国的垃圾回收率逐渐提高。

这种直接补贴的例子彰显了社会生产力思维模式的一个重要方面：不再将服务对象和民众仅仅视为要去管理的需求来源，而是一种可以发掘利用的资产。英国首相卡梅隆的顾问David Halpern描述了被他称为处于国家和市场之间的“隐藏的财富”：我们的社会或者说邻里具有修复、同情、信任和创造的能力，由我们共同的价值观和期望所驱动，而非利润或法律条规。

要调动并赋权给民众，当地政府部门对民众和服务对象就要进行深入细致的全面了解。对社区资产进行规划组织是公共服务部门追求更高社会生产力的重要途径。新成立的英国公司Participle 和Think Public，以及全球巨头IDEO都在开发解决一系列长期存在的顽固问题。最常见的一个主题就是如何更好地吸引和调动民众积极参与来创造社会价值。Participle的Southwark Circles就是个令人印象深刻的案例，这个系统服务于伦敦南部相对不发达的南华克区。以广泛的社区参与为基础，该项服务利用当地政府提供的种子资金，将受雇人员、志愿者、参与低价会员计划的老人以及他们的护理者有机组织起来，填补了集中服务最需要者之后出现的空白，帮助其余那些被忽视的居家老人。提供的服务包括电脑课程、园艺护理或者日常住房维修等。Participle现在获得公共资金将Circles扩展到全伦敦和英国其他地区。

自然，我们永远也不缺乏提高公共服务有效性的新点子，挑战的加剧也把这些想法变为可行的社会商业命题。在英格兰，由于越来越多的公共服务通过社会机构来提供，政府部门设立了一个6亿英镑的“大社会资本(Big Society Capital)”基金，支持相关的新业务点子，根据其对社会参与的影响程度进行资助。

但是，实现社会生产力潜力的最困难之处是创建其必需的文化转型。一位英国资深政治家曾经举过一个例子，一间小学尝试了各种方法也无法提高孟加拉裔男孩们的数学成绩，只好把这些孩子的家长都请到学校一起想办法，最后发现是父亲们没有自信辅导儿子的数学功课。于是，在与父亲们一起上了几节课之后，男孩们的数学成绩突飞猛进。许多学校觉得家长的参与是教学不太重要的一环，但是这个案例却证明，将子女的教育视为共同目标，并将学校的影响范围扩大到社区就是解决棘手难题最简单也最有效的方式。

在全球范围内还有许许多多的案例在利用这种更有全局观的溯流而上的思维方式解决社会问题。想要缩小社会大众期望的差距，我们需要将为实现更高的社会生产力作为公共服务策略的核心定位。Q

Matthew Taylor 是英国RSA皇家艺术、制造与商业促进会（Royal Society for the Encouragement of Arts, Manufactures and Commerce）的首席执行官，该非营利组织的总部位于伦敦，旨在寻找创新方式应对社会挑战。在此之前，他曾经是英国首相的政治策略首席顾问。

韩国Songdo新城初具规模

科技引领智能城市

Wim Elfrink

Wim Elfrink是思科首席全球化发展领导人，负责公司的智能城市项目。他相信，基于“智能+互联生活”的城市化有助于解决全球人口问题。本文改编自麦肯锡全球董事Rik Kirkland对Wim Elfrink所做的访谈。

全球快速城市化进程正面临着严重的人口失衡问题。未来的几十年，不仅欧洲将深受老龄化和人口减少之苦，美国和中国在某种程度上也是如此。与此同时，印度、非洲和中东等地区的人口数量却在持续膨胀。另外，全世界仍有30亿人缺乏饮用水、电力、医疗和教育。另外，全球人口预计将从70亿增加到90亿。

显然，城市对于我们能否成功应对这一转型挑战、实现可持续、包容性增长的意义重大。其中关键驱动因素之一就是科技。人类曾经的愿景已为现实，即科技与水、电、气同等重要。

科技在复兴老城或者建设新城的过程中是必不可少的。目前，很多先进城市的10年规划都纳入了信息和通讯技术（ICT）方案。不做ICT规划的城市早已经落伍了。

这么做的目的是把科技全面纳入以服务为导向的城市振兴方案。目前在多数地区，不管你搬入新公寓还是买了一套老宅，都会在屋内布线，接入无线网络，并购买各种设备。让我们设想一下，一旦科技和水、电一样，事先都已安装好，又会是怎样的情形呢？这就一下子变成如何满足消费者不断增长的需求了：为老年人提供生活照护、安全保障、停车服务、医疗服务（事实上，80%的门诊并不需要患者与医生见面），以及获得公共服务的途径。当规模达到临

界值的时候，收益是惊人的：10年能耗降低50%，交通流量降低20%，水资源利用率提高80%，犯罪率降低20%。智能城市的好处显而易见。

我们该如何加速这一转型？统计数字同时说明了挑战与机遇：每年全球的基础设施和建筑支出为2万亿美元，而ICT支出仅占到这之中的1.5%~2%。好在未来十年中，我们将继续推进云计算、大数据和开放数据，并将有500亿美元的设备以物联网进行通信，从而推动互联网络的发展。英特尔公司预计，未来十年中，仅从技术角度估计，物联网的业务量将达到1.5万亿美元/年。除此之外，每年还将产生2万亿美元的新兴服务市场。因此，我们并不需要提升ICT占全球基础设施投资的比重就可以获得收益。我们只需要确保更明智的投资，将技术投资纳入城市总体规划中，而不是在规划实施之后。

尽管如此，智能城市仍然面临着严峻挑战。施政者的任期有限，而此类投资的回报却是长期的。因此，除了明确城市的长期愿景，当政者还需要制定速赢举措，通过实施预算争取短期效益。建筑业是全球最守旧的行业之一，也是过去30年中唯一的生产率没有真正实现提升的行业。全球建筑标准实在少得可怜。这一点从直到现在都没有统一的110伏和220伏电压以及多种电源接口就能看出。我们需要设计更好的全球协议以及开放性标准，就像推动互联网发展的协议一样。需要建立新的生态系统以及开发全新的行业推动发展。想想停车的例子吧，包括巴黎在内的许多城市，人们一生中平均要花费四年的时间寻找停车场地。想象一下，如果你从高速公路驾车而来，导航系统直接带你进入免费停车的地点，这不仅让你感觉很美妙，还有利于缓解拥堵、减少碳排放。事实上，此类技术在旧金山和芝加哥等城市正在开始得到应用。但是，真正启动此类项目还需要良好的监管环境以及多个行业的联手协作，提供从道路传感器到车载应用或移动设备应用的多种技术。

令人振奋的是，我们开始看到一些成功的案例。成功往往需要五大要素。首先是思想领袖。如果市长缺乏长期愿景和激情，那么无论怎样也不可能成功。其次，监管要到位，推出适合21世纪的标准，为变革提供积极的激励机制。例如，澳大利亚监管部门要求所有大楼必须安装地下水箱以存储用水——即使节水型建筑中也是如此。旧金山通过基于互联网的Urban EcoMap，为市民提供其所在社区的碳排放量，包括交通、能源和垃圾等，按邮政编码分区。这一技术有助于市民将可持续发展纳入个人的日常生活决策中。第三，我们需要全球性开放标准。第四，公共和私营部门需要合作，利用公共资源推动私人投资，节约费用，创造新的长期收益。例如，芝加哥市长Rahm Emanuel设立了基础设施信托，欢迎私营公司进行投资，从而获得

10~20年的设施运营权。

还有一些城市通过将大数据转化为公开数据，取得了突破性进展。由华盛顿市长Vincent C. Gray发起建立的非营利性组织Apps for Democracy作为开放式社区平台，向市政府提交311（非紧急）服务请求。Apps for Democracy第一版在30天内带动了47个Web、iPhone和Facebook应用的销售——5万美元的投入给城市带来了230万美元的回报。

这就引出了第五要素，即建立新的生态系统——通过政府倡议，集合四五家公司联手解决一道城市难题。欧洲跑在了前面，尤其在老城复兴方面。目前，巴塞罗那的经济复苏项目是欧洲最大的转型项目之一。迄今为止，该市的复兴计划已经创造了4.5万个就业机会，1500家新公司应运而生。阿姆斯特丹新建了100多个智能工作中心，提供高端工作设施，旨在减少交通流量，提供更加高效、可持续的工作方式。这些智能工作中心代表了未来的工作场地和虚拟环境。

如果这些目标均得以实现，那么20年后的世界将会有多大的变化？以我自己生活的变化为例。当我12岁的时候，家里购置了第一台黑白电视机；20岁时，我第一次驾驶飞机；30岁时，我有了自己的第一部手机。40岁时，我开始使用VPN连接；50岁时第一次通过TelePresence进行电视会议。我10岁的儿子想要一部手机，我认为他还太小。他问我什么时候才有第一部手机。对话就这样终止了。他无法想象我活到30岁才拥有手机。假如我不认真思考，就跳不出我自己的经验框框。随着变革的加速，我们产生新想法的速度也必须更快。

城市的角色会越来越多元。想想科技是如何改变农村的吧。目前，印度农村不一定能保证通水和电，但ICT（信息与通信技术）往往能保证供给。在印度乡村，最常见的应用就是手机的照明功能，因为很多地方缺乏电力供给。白天，人们用村里的太阳能面板为手机充电。手机的发展使得人们获得医疗、教育以及工作的渠道大大拓宽。科技还促进了人们的跨地区交流。例如，印度农村目不识丁者可以通过视频监控远在美国的零售店。一旦发现店内有异常行为，他们只需轻按键盘，就可对店员进行提醒。

让我们来设想一下，连通性持续优化，手机用户从50亿增加到70亿，未来会是什么样子？随着科技的发展，基于通用平台的新兴服务大量涌现，全新行业必将兴起以及带来新一轮的创新。未来的竞争将出现在城市之间，总体实现可持续发展（包括经济、社会和环境）的城市将是最终赢家。从可持续性发展角度来说，这种发展将惠及全人类，同时也可能是唯一的解决之道。Q

专题

赢得新兴市场十项全能竞赛

本专题第一篇文章指出中国出现了两类明显分化的消费群——刚刚进入享受非生活必需品及服务的初级阶段的大众消费群和接近发达国家消费模式的新主流消费群。企业需要尽快调整战略同时迎合这两个消费群体，才有可能胜出。第二篇则称新兴市场所呈现的挑战更像是十项全能竞赛，获得成功的前提是必须参加所有项目，还要在所有项目中表现卓越。有效竞争意味着要平衡地掌握多种能力。本专题的其他两篇文章则分别讨论了如何在新兴市场建立品牌和赢得消费者，毕竟，对跨国企业而言，新兴市场消费者与发达市场消费者存在着显著区别。以往成功的经验未必放之四海而皆准。

培羅蒙
江蘇陽光集團公司
协亨手机
Pearls City
5F 火锅
天天演
Daily Performance

应对迅速分化的中国消费阶层

Yuval Atsmon
Max Magni
李丽华
金春芳

一个新的消费者群体正在快速兴起：他们越来越注重个人享受，越来越重视对个性的情感诉求，也越来越忠于自己喜爱的品牌。他们将与那些刚刚开始消费非生活必需品及服务的大众消费群并存，构成快速分化的中国消费阶层。

毋庸置疑，中国的消费品市场正在迅速成长，并将在下一个十年成为全球最大的增长市场。届时，将有超过一半的城市家庭负担得起私家车和小件奢侈品。这一趋势使得中国成为许多消费品企业至关重要的市场之一。

中国人的消费行为和模式越来越接近富裕国家的消费者，消费行为也在经历着根本性的改变。中国市场出现了两类明显分化的消费群——刚刚进入享受非生活必需品及服务的初级阶段的大众消费群和接近发达国家消费模式的新主流消费群。这就意味着，中国不仅有数以亿计的大众消费群，依旧务实且注重性价比；并且还将出现数以百万计的越来越注重个人享受，个性的情感诉求以及忠于自己喜爱品牌的新主流消费者（见图1）。鉴于这两个群体的分化速度如此之快，企业需要尽快调整自己的市场营销战略，服务于这两个消费群体，以免在志在必得的战场上落了单。

两类消费群体的异同

现在，中国超过4/5的城市人口属于“大众消费群”。他们的年均家庭收入在3.7万到10.6万元人民币（相当于0.6万到1.6万美元）、收入仅够维持基本生活需求。然而，在下一个十年开始的时候，很多属于大众消费群的

		新主流消费群	对比 大众消费群
他们是谁	家庭收入	↑ 10.6到22.9万元	3.7到10.6万元
	年龄在35岁以下人口的比例	↑ 45%	37%
他们住在哪里	住在一、二级城市的人口比例	↑ 74%	43%
	住在内陆城市群的人口比例	17%	↑ 36%
他们需要什么	耐用[1]	36%	↑ 61%
	情感因素[2]	↑ 23%	15%
他们怎样花钱	支付溢价[3]	↑ 49%	39%
	提高消费档次[4]	↑ 39%	21%

1 将"耐用"列为购买智能手机前五大关键购买要素的受访者百分比
2 将情感因素（例如，彰显我的品味）作为购买手机时重要因素的受访者百分比
3 表示在可支付的范围内，愿意为最好的消费电子产品支付溢价的受访者百分比
4 通过提高消费档次（而不是通货膨胀）而支付更多的受访者百分比

资料来源：麦肯锡2012年消费者调查

图1　新主流消费群和大众消费群的比较

消费者将进入新主流消费群阶层。新主流消费群的年均家庭收入在10.6万到22.9万元人民币（相当于1.6万到3.4万美元），有能力购买私家车和一些小件奢侈品。诚然，中国如预测的趋势那样增长，到2020年主流消费群的人数将达到4亿，届时他们的消费模式将代表全国普遍的消费标准。

虽然中国消费者普遍在消费时对品牌忠诚度有所提高，也在消费时越来越注重情感因素，但这两个群体在其消费行为上都有着一定程度的差异。

首先，新主流消费群比大众消费群表现得更加成熟老到。几乎3/5的新主流消费群购买了数码相机，而大众消费群中这一比例只有37%。新主流消费群购买洗衣柔顺剂的比例为56%，大众消费群只有34%。初次购买基本产品种类的情况大多发生于大众消费群。对于坦言厨房家电支出增加的消费者，69%的大众消费群是因为初次购买，而新主流消费群中，初次购买比例只有24%。

其次，两类消费群对于什么样的商品才具有吸引力的态度截然不同。大众消费群较为重视商品的基本功能。2/3的大众消费群将“耐用性”列为购买洗衣机的前5大购买因素，只有不到一半的新主流消费群中持此观点。在购买智能手机时，将“耐用性”列为前5大购买因素的大众消费群比例和新主流消费群比例分别为61%和36%。不出所料，“低价”是大众消费群经常考虑的购买因素；在购买洗衣液、 智能手机、方便面等商品时，将低价

作为主要考虑因素的大众消费群是新主流消费群的两倍。

那么，是什么刺激了新主流消费群的购买呢？调查发现，情感因素所占比重越来越大；当被问及如何挑选洗发液或手机时，考虑“体现了我的品味”、“感到我的家庭享受更好的生活质量”等因素的新主流消费群比例比大众消费群高50%（见图2）。

认可产品的情感因素是重要购买因素的受访者

百分比

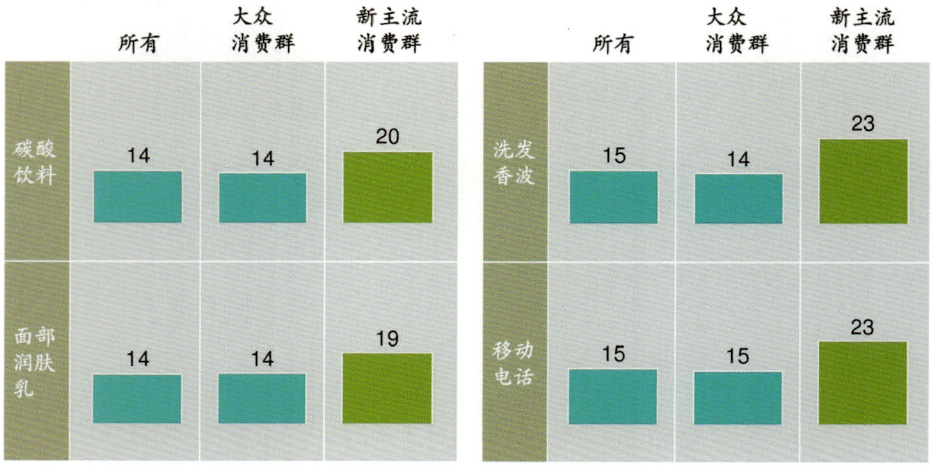

	所有	大众消费群	新主流消费群
碳酸饮料	14	14	20
面部润肤乳	14	14	19
洗发香波	15	14	23
移动电话	15	15	23

1 包括“彰显我的品味”，“彰显我的地位”，“让我的生活更加舒适”，“让我感到家人生活得更好”，“充满活力”，“显示我很时尚”，“让我感到很合群”

资料来源：麦肯锡2012年消费者调查

图2 情感因素对主流消费群的购买决策产生很大的影响

同时，虽然整个中国市场消费者对品牌的忠诚度都有所上升，新主流消费者在这一点上还是比大众消费者更高；比如43%的主流消费群更喜欢买相同品牌的消费电子产品，而这种类型的大众消费群比例为39%。

新主流消费者在门店购物的时间将越来越少，他们会采用其他渠道——尤其是网络来购买所需要的商品和服务。2012年，进行网购的受访者比例增至20%，而过去三年的调查中这个比例为12%到14%。

当然，中国消费者依旧务实，重视调研工作，存款比率高，他们也越来越具有健康和环保意识。

消费模式差异的根源

除了收入差异，我们发现以上这些区别还与消费者所在地域和其年龄相关。

首先，消费者所在城市级别带来了差异。中国一线城市的收入水平和购买能力最高，其开支（尤其是非生活必需品的开支）也相应更高。一线城市消费者每月外出就餐的开支比二线城市高35%，比三线城市高近50%，比四线城市高77%。一线城市消费者在个人护理方面的开支比二线城市高30%，比三线城市高42%，是四线城市的两倍以上。

情感需求和个性化诉求对一线城市的消费者来说更为重要，他们中有21%将“体现我独特的品味”作为购买平板电视的关键购买因素之一，在其他城市，这个比例只有7%到11%。相比之下，“物有所值”是低级别城市消费者更为重视的购买因素。比如说购买洗发液，2/3以上的受访者在低级别城市首要考虑的是全家人是否能共用这款洗发液；一线城市中，这个比例只有1/2。

一线城市消费者对于品牌的忠诚度明显高于其他地方。这些城市中2/5以上的消费者坦言自己只买喜欢的碳酸饮料；这个比例在低级别城市只有约1/4。在对于手机品牌的忠诚度方面，他们的回应也非常类似。

其次，城市群的影响不容忽视。调查显示发达国家的消费行为模式在中国沿海地区的城市群中更为常见。以两个不含一线城市的沿海和内陆城市群的比较结果为例：

杭州城市群位于中国东部沿海地区，在上海以南。除了风景优美的杭州，还包括拥有繁华海港的宁波。这个城市群的GDP（以美元计价）约相当于芬兰的GDP。在杭州城市群中，消费者越来越追求个性，不再那么在意别人的想法，在选择商品时，更容易受情感因素的影响，也更有可能建立高的品牌忠诚度。这些消费者的行为模式与长江中下游城市群中消费者的行为模式形成了鲜明的对比。长江中下游城市群的主要城市武汉是中国中部人口最多的城市，位于杭州以西700公里。这个内陆城市群的GDP（以美元计价）约相当于罗马尼亚的GDP。消费者仍将产品可靠性和功能性作为主要购买因素。

即使以每个城市群中收入水平相当的消费者作比较，两个城市群中消费者态度的差异依旧明显。比如，同是大众消费群，杭州城市群的大众消费群中有29%的人赞同“按自己的心意做决定，不在乎他人的看法/期望”，而这个比例在长江中下游城市群中只有12%。近乎一半杭州城市群的大众消费者表示自己愿意花钱买商品和服务来犒劳自己；持这种想法的人在内陆大众消费群中只占1/3。关于是否与家人朋友“积极分享”购买意见，54%的内陆大众消费群都会这样做，而这个比例在沿海大众消费群中只有32%（见图3）。

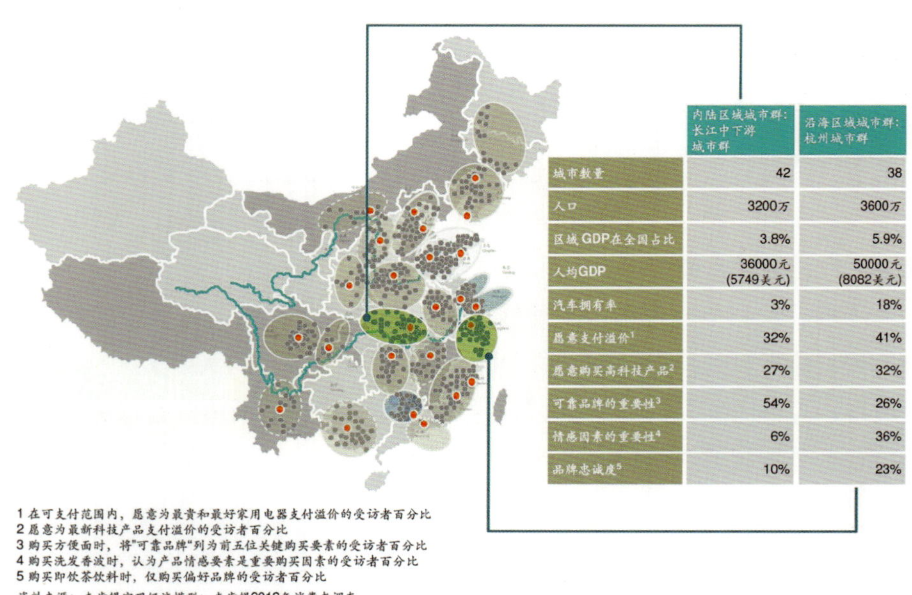

	内陆区域城市群：长江中下游城市群	沿海区域城市群：杭州城市群
城市数量	42	38
人口	3200万	3600万
区域GDP在全国占比	3.8%	5.9%
人均GDP	36000元 (5749美元)	50000元 (8082美元)
汽车拥有率	3%	18%
愿意支付溢价[1]	32%	41%
愿意购买高科技产品[2]	27%	32%
可靠品牌的重要性[3]	54%	26%
情感因素的重要性[4]	6%	36%
品牌忠诚度[5]	10%	23%

1 在可支付范围内，愿意为最贵和最好家用电器支付溢价的受访者百分比
2 愿意为最新科技产品支付溢价的受访者百分比
3 购买方便面时，将"可靠品牌"列为前五位关键购买要素的受访者百分比
4 购买洗发香波时，认为产品情感要素是重要购买因素的受访者百分比
5 购买即饮茶饮料时，仅购买偏好品牌的受访者百分比

资料来源：麦肯锡宏观经济模型；麦肯锡2012年消费者调查

图3 不同区域的消费者需求差别很大，如沿海地区和内陆地区

最后，不同年龄阶段的消费者呈现出不同消费行为模式。中国的年轻人群与年长人群相比更具有富裕国家消费者的特点，尽管不同年龄段的差异没有不同城市群的差异大，但是在相同收入群体中这种年龄造成的差距依然明显。在新主流消费群中，18~34岁的新主流消费群在购买时更愿意根据个人的喜好做决定：45%的35岁以下的新主流消费群出于追求自身的享受消费个人护理产品，对35~65岁的新主流消费群这一比例是37%。年轻的高收入人群较之同样收入水平的年长的人群更愿意为最好的产品支付溢价（分别为41% 和 31%）。

毫无疑问，对网络的依赖程度也是将年轻和年长消费者区分开来的一个明显因素。排除收入的影响，在网上研究家庭和个人电子产品的年轻消费者的比例是年长消费者的两倍。33%的年轻消费者（年龄段在18~34岁间）这么做，而这么做的年长消费者（年龄超过35岁）只有18 %（见图4）。

把握细分差异至为关键

过去的十年，中国市场上的成功案例都是以规模，即靠吸引大量秉持实用主义的消费者取胜。除了专注于高端富裕人群上的奢侈品企业，在中国经营最好的往往是那些可以说服消费者相信自家产品最经济实惠、物有所值、并能够满足基本功能需求（特别是可靠性）的公司。

		18到34岁	35到65岁
愿意花钱	愿意购买最贵的产品[1]	41%	31%
	愿意购买高科技产品[2]	42%	36%
期望提高	渴望个人享受[3]	45%	37%
彰显个性	适合我的需求[4]	39%	31%
在线购买	喜爱互联网[5]	44%	16%
	希望总是上网找信息[6]	33%	18%

1 在可支付范围内，总是愿意为最好个人护理产品支付溢价的受访者百分比
2 愿意为最新技术支付溢价的受访者百分比
3 愿意购买个人护理产品，宠爱自己的受访者百分比
4 购买产品时，适合自己特定需求非常重要的受访者百分比
5 声称没有互联网无法生存的受访者百分比
6 在购买消费电子产品前，总是上网寻找信息的受访者百分比

资料来源：麦肯锡2012年消费者调查

图4　年轻和年长消费者的对比

鉴于中国消费者行为和特征的变化比预期更快，很多公司急需对自身战略进行全面审视。在中国，特别是在内陆和低级别城市，巨大的大众市场依然存在，且利润仍旧丰厚，企业可以沿用过去的营销手段。但是只将眼光聚焦在这个群体意味着放弃更大的机遇，这个机遇就存在于人口数量及成熟度都在经历跨越式发展的新主流消费群体之中。

为了达到回报最大化，企业将必须投入巨大的精力及资源，同时兼顾大众及新主流消费群。尽管这对每个产品种类和企业来说都意味着一套不同的决策和行动，但最重要的一点就是要开发更加多样化的品牌及子品牌组合。对于很多公司来说，消费市场的二分情形可能需要一个两全的方法：一方面要赢得快速增长的新主流消费群市场，另一方面是要巩固人口众多的大众消费群市场。

针对新主流消费群，企业将必须快速采取行动，能够与消费者情感需求"直接对话"的品牌将胜出。企业的情感营销不仅适用于汽车等产品，对牛奶和洗衣液等大众化商品也同样奏效。

对消费者进行细致入微的研究并进行细分将是重要的第一步，这样公司就能够更深入地了解到底是什么使得消费者对于某类别产品如此推崇。下一步就是针对个性化诉求兴起最早的城市和城市群推出小众品牌和营销活动，寻求有效的方式为向其他区域扩张做好准备。企业需要用更加清晰的价值定位以区别于其他竞争对手，从而和不同的消费群体建立联系。不能与消费者

建立强有力连接的品牌和子品牌应当果断舍弃，这样企业就可以调整品牌组合，给更加有效的新品牌腾出空间。

尽管到2020年，大众消费群不再占中国城市消费群体的绝对多数，他们的人口占比仍将是36%，消费占比为23%。忽略这个细分市场将是一个致命的失误；随着收入的增长，消费经验的积累，情感因素在其对产品需求中占据越来越重要的角色，能够赢得这些消费者信任的公司将长期得到他们的青睐与忠诚。值得信赖的大品牌，不花哨且实用性强将仍旧是赢得这个细分群体的关键因素。

在这里，我们想做两点提醒。首先，无论中国消费者变得多么成熟有经验，很多内在的特性将维持不变，包括我们在研究中反复强调的店内购物经历的作用。中国消费者比发达国家的消费者更容易相信店内销售人员的推荐，尤其是那些他们熟知的遍布于城市街区的数不清的小商铺。2012年的调查显示，称相信销售人员推荐的中国消费者比例比2011年高了3个百分点，增至32%。所以，零售层面的执行至关重要。

其次，同时赢取新主流和大众两个消费群的成本很高，而且价值定位也面临潜在的高风险。通过多种不同渠道在多个不同地域推出多种不同品牌的运营复杂程度要求极其周密谨慎的规划和执行技能。在这种情况下保持供应链的顺畅流通会是一个极大的挑战。

能同时将两个市场做好的企业将获得远超过投入的回报。既然现在企业已经清楚地看到中国消费市场的瞬息万变，那么他们就应比以往更加迅速地找准自己的最佳定位，才能获取最为丰厚的回报。Q

（本报告全文请见：http://www.mckinseychina.com/zh/2012/09/25/from-mass-to-mainstream-keeping-pace-with-chinas-rapidly-changing-consumers_zh/）

Yuval Atsmon（安宏宇）是麦肯锡伦敦分公司全球董事；
Max Magni（马思默）是麦肯锡香港分公司全球董事；
金春芳和李丽华是麦肯锡上海分公司营销专家。

作者们谨向张悦、陈红、王珏、胡杨梅、程欣、Glenn Leibowitz（王磊智）、Paul Blustein为本文所作的贡献表示感谢。

30万亿美元大奖：如何在新兴市场赢得十项全能竞赛？

Yuval Atsmon
Peter Child
Richard Dobbs
Laxman Narasimhan

到2025年，新兴市场的年消费额将达到30万亿美元——这是整个资本主义历史上最大的增长机遇。在接下来的一个世纪，“全球最伟大公司”头衔一定会被授予给新兴市场的赢家。

工业革命被公认为是人类经济史上最重要的事件之一。然而从很多方面看来，工业革命的意义与当今时代的大趋势——新兴经济体中新消费阶层的兴起相比，实在是相形见绌。虽然，长久以来新兴国家一直被视为全球经济的边缘地带。

让我们来比较这两次“革命”。工业革命始于18世纪中期，积蓄了两个世纪的能量终于得以爆发。其发源地英国用了150年使人均经济产出翻番；第二阶段的中心美国用了50多年让人均GDP翻番。一个世纪之后，中国和印度开始了工业化进程，两国分别用12和16年完成了人均GDP翻番。此外，英国和美国开始工业化进程之际，人口大约为1000万，中国和印度经济腾飞时，人口约有10亿。由此可见，这两大新兴经济体的领头羊的经济增速是工业革命的10倍，规模是工业革命的100倍，因而所产生的经济实力可达到工业革命的1000倍之多。

大部分大型跨国公司CEO已经意识到新兴市场是获取长期成功的关键。然而，也正是这些管理者告诉我们，他们也很困扰，因为不知如何抓住这些机会。许多高管都承认，尽管拥有更大的规模、更大的资本基数、更好的产品技术和更先进的营销工具，要在后起之秀的冲击下保住自身地位依然困难重重。这种焦虑从这些企业的新兴市场业绩即可见一斑。虽然新兴市场占到全球GDP的36%（见图1），并可能至2025年对全球GDP增长的贡献率超过70%，但是在2010年，总部设在发达国家的100家大型公司，其全部收入仅有17%来自于新兴市场。

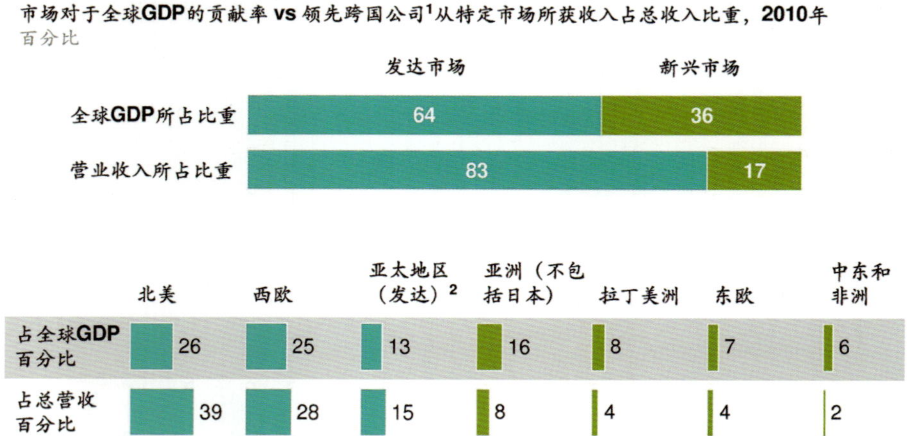

图1 发达国家领先企业总营收的17%来自新兴市场，尽管新兴市场只占全球GDP的36%

本文论述了高管在新兴市场的首要任务。10多年来，麦肯锡一直将新兴市场作为研究重点。针对非洲、巴西、中国、印度和印度尼西亚的消费者行为，我们已经创建了60多个数据库并进行了纵向比较。

经验告诉我们，新兴市场所呈现的挑战更像是十项全能竞赛，获得成功的前提是必须参加所有项目，还要在所有项目中表现卓越。有效竞争意味着要平衡地掌握多种能力。在新兴市场中，公司就像运动员一样必须要有所取舍，要比较自己和竞争对手的能力，做出明智选择，哪些领域必须领先，而在哪些领域只要跟上就可。成功会带来巨大回报，失败也将付出巨大代价。

30万亿美元的“蛋糕”

几个世纪以来，全球不到1%的人口收入丰厚，他们可以负担得起日常生活之外的消费。1990年，全球总人口近50亿，有10亿人每天收入超过10

美元[1]。达到这一收入水平，家庭就买得起洗衣机或电视等产品。大部分此类消费者生活在西欧北美的发达国家或日本。

在过去的20年中，新兴国家经历了快速的城市化进程，使得消费阶层翻倍达到24亿人。麦肯锡全球研究院的报告认为，2025年将再次翻倍达到42亿人，届时世界总人口将达到79亿。届时，新兴国家年消费额将从2010年的12万亿美元升至30万亿美元，其所占全球消费额的比例将从2010年的32%上升至将近50%(见图2) [2]。新兴市场消费者将成为世界经济的主导力量。15年之后，年收入超过2万美元的约10亿个家庭，60%居住在发展中国家。许多产品品类，如白色家电和电子产品，新兴市场消费者将占到全球需求的压倒性多数。现在中国已经取代美国成为全球汽车最大销售市场。在接下来的几十年中，即使全球经济不景气，新兴市场的表现仍可能大大优于发达经济体。

新一代消费者正引领潮流，他们20多岁或30出头，对于收入的增长非

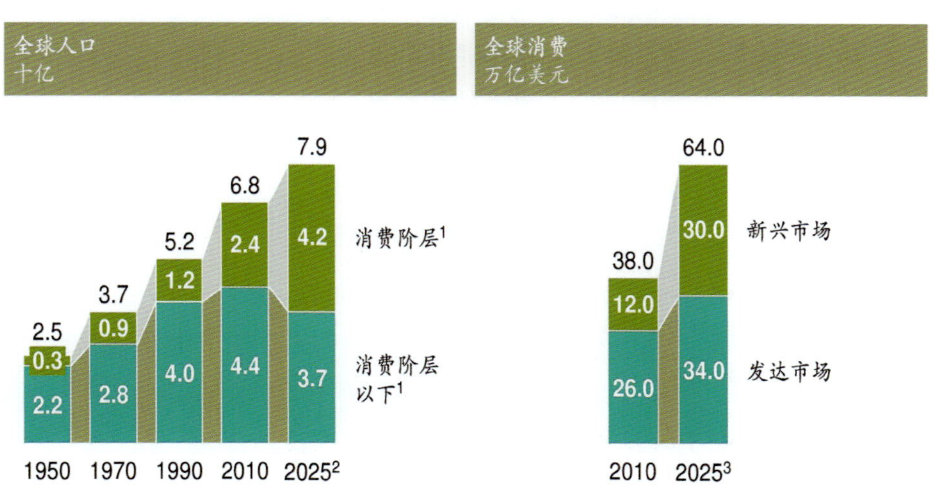

1 消费阶层：日可支配收入不小于10美元；消费阶层以下，小于10美元；经购买力平价调整后的收入
2 预测
3 预测基于2010各国个人消费所占GDP比重及2010年及2025年GDP预测；假设个人消费所占GDP比重保持不变
资料来源：Augus Maddison，格罗宁根大学增长与发展中心创始人，格罗宁根大学；Horni Kharas，在布鲁金斯学会沃尔芬森发展中心高级研究员；麦肯锡全球研究院分析

图2 到2025年，消费阶层将增长到42亿人，新兴市场消费将达到30亿万美元——近全球总量的一半

---

[1] 基于购买力平价。

[2] 这里所估计的30万亿美元指的是2025年新兴国家或地区的个人消费额。根据我们的定义，这些地区包括非洲、中亚、中国（包括香港和台湾地区）、东欧、拉丁美洲、中东、南亚以及东南亚。

常有信心，有很大的抱负并且愿意花钱来实现这些抱负。新兴消费者的偏好将会推动在产品设计、制造、分销渠道及供应链管理等各个方面的全球创新。无法在这些新市场赢得消费者的企业将会丧失建立实力地位的关键机会。而历史表明，这样的实力地位可以保持很长时间。在美国17种主要产品品类中，1925年的市场领头羊在接下来的一个世纪中都保持着数一数二的市场地位[3]。

十大关键制胜能力

我们认为，在新兴市场获胜，企业需要掌握以下十种关键能力，它们具有三大特征：

投得准。必须瞄准正确的机会。包括非常精确地瞄准城市增长集群、预测爆炸性增长时刻以及平衡本地相关性和全球规模。

跳得进。以下四种能力至关重要：主动调配资源以把握先机、创造产品组合、打造品牌和建立市场系统为新兴市场消费者提供其所需产品。

跑得远。跨国公司必须重新考虑其架构和管理流程，以便在陌生的环境中灵活运作并保持规模优势，必须塑造新的模式以吸引、聘用并发展人才，并且与利益相关方培育关系以打造可持续业务。

最后，与十项全能竞赛一样，企业必须在所有领域磨炼技能。

1 精确瞄准城市增长群

今天的新兴经济体，城市人口每年增长6500万，相当于7个芝加哥的规模。接下来的15年，440座新兴城市将贡献近一半的全球GDP增长以及40%的全球消费增长。其中大部分是不为人所熟知的中等规模城市，它们往往蕴藏着丰富的机会。50年前，沃尔玛在阿肯色州的罗杰斯创建了第一家门店，避免了竞争惨烈的大都市，从而为成功打下了基础。

鉴于新兴市场消费者偏好、购买力和市场情况的多样性，未能意识到城市的重要性是一个根本性的战略失误。即使是毗邻的城市也可能有本质不同。就拿广州和深圳来说，两者同为中国南方大都市，规模可相提并论，城市之间相距不过100公里。在广州，大部分消费者是土生土长的当地人，说广东话。而在深圳，超过80%的人来自天南海北，是说普通话的外来移民。

---

[3] 这些领先公司包括饼干市场的卡夫食品（纳贝斯克）；罐装水果市场的德尔蒙特食品，以及口香糖市场的箭牌。

因此这两个城市对消费类电子产品、时尚和食物的品位也大相径庭。

尽管如此，许多跨国公司仍然认为，为中型城市打造本地战略的努力必定以牺牲规模经济为代价。为了使这种损失最小化，跨国公司应当将众多小型城市归类为具有相同人口结构、收入分配、文化特征、媒体区域和交通连接的城市群。除了少数高端产品及服务类别，重点应当是先追求“深度”，再追求“广度”。

根据我们的经验，比起针对某一国家或地区的泛泛战略，基于城市群的战略更有效。在印度，一家主要消费品公司最近放弃为200个不同城市制定战略的尝试，转而关注8个大型城市集群，从而成功削减一半成本。

2 预测爆炸性增长时机

在新兴市场，时机的重要性等同于竞争地点的选择。对于特定产品或产品品类的需求通常会遵循S曲线而非直线：首先是“升温区”，在该阶段增长正在积蓄能量，消费者收入开始增加；其次是“热区”，在该阶段消费者有足够资金购买产品；最后是“降温区”，在该阶段需求放缓。

在绘制消费S曲线时，人均收入是一个关键变量。对于单位成本较低的产品，如零食或瓶装饮料，购买增速发生在收入曲线相对较早的阶段，美容产品起步较晚，奢侈产品如时尚和酒类则起步更晚。服务类销售增长发生在较高的收入水平。冰箱和洗衣机通常被统称为白色家电，北京的消费数据显示，冰箱购买在年收入达到2500美元时增长开始起步，年收入超过6000美元时增速放缓。而洗衣机购买直到年收入接近1万美元时，增长才开始起步。

预测何时何地消费者会进入“热区”需要对技术、人口、文化、地理和监管趋势有详细深入的理解并且要彻底掌握当地经销网络。例如，印度人崇尚素食主义，因此该国肉类消费远低于全球平均水平。在尼日利亚，超过1/3的人口不满14岁，因此其婴儿食品的销售远高于全球平均水平。

3 制定兼顾本地及全球规模的细分战略

确定高增长热点及预估消费者准备购买的时间点是远远不够的。跨国公司还必须决定如何优化产品和服务以迎合（甚至塑造）当地偏好、合理定价并使公司有机会形成合理规模。

跨国公司往往将新兴市场消费者划分为极端的两类，一为急切地炫耀财富并模仿西方的“暴发户”；一为位于金字塔底部的“吝啬的”穷人，他们最重要的购买标准就是最低价。这种两极分化论，会使得市场部陷入对错误战略的讨论：公司是否应该采取小众战略，瞄准富有消费者，销售与发达市场消费者相同的产品？还是应该选择大众市场，提供在本土市场完全没有销路的廉价商品？

随着新兴市场主流消费群不断扩大——如到2020年超过一半的中国城镇家庭将成为中产阶级，而2010年这一数字仅为6%——跨国公司应该学会制定更为细分的产品战略以平衡规模和本地相关性[4]。

4 从长远考虑资源分配

无法彻底重新分配资源的公司将面临被当地竞争者淘汰出局的风险。我们的研究显示，新兴市场公司针对所有业务部门重新分配投资的频率远高于母公司。新兴市场公司比发达市场同行公司增长更快，即使双方都在第三方中立市场运营（非双方公司总部所在地），情况亦是如此。

从某种程度上说，大部分股东更倾向于新兴市场公司而非发达市场同类公司，因为前者更具灵活性。但这也反映出不同的管理理念——新兴市场公司速度至上。它们的目的就是为中产阶级消费者快速变化的需求服务，无论是在其本土市场还是新兴市场。因为，不创新就等于坐以待毙。这些后起之秀的另外一大优势就是没有后顾之忧，只需关注当下新兴市场的动向，无需兼顾发达市场和发展中市场。

毋庸置疑，为新兴市场投下"大赌注"并准备好长期运作是至关重要的。一些国际消费产品巨头已经成功在新兴市场站稳脚跟，其投资组合显示投资之后大约要过4到5年才会产生回报。并购可以加速这个进程。以在中国市场广受欢迎的白酒为例。英国烈酒巨头帝亚吉欧(Diageo)收购了中国水井坊的大部分股权，从而提升了其在中国的经销网络和销售能力。

5 通过创新在所有价格幅度提供价值

新兴市场为跨国公司提供了投资和设计产品、服务的新机遇，跨国公司还可借此对成熟市场的产品和服务进行创新。如LG除韩国本土以外最大的产品创新中心就在印度班加罗尔。在中国，过去12年建立主要研发中心的跨国公司数量从不到20家上升到将近1000家。

另一方面，本土公司也在不断证明灵活创新的力量。海尔公司专为农村消费者设计的超耐用洗衣机，既可以洗衣服也可以洗蔬菜；带有防护金属

---

[4] 我们将中国主流消费者定义为年可支配收入在16000美元到34000美元之间的小康家庭成员。欲了解更多关于中国主流消费者的信息，请参见Yuval Atsmon和Max Magni所著《"会面"2020中国消费者》，mckinseyquarterly.com，2012年3月。

板和防咬布线的冰箱以防止老鼠。海尔为城镇消费者开发的产品同样极具创意，比如为狭小公寓设计的小型洗衣机和冰箱。

无论是为了应对本地对手低成本的挑战而销售基本产品或服务，还是希望吸引消费者购买高端线新产品和服务，有效竞争都需要创新与本地化，同时也要重新设计产品线、服务运营及供应链。

6 打造让消费者信任和传播口碑的品牌

新兴市场消费者与发达市场消费者的在很多方面大不相同。平均来看，新兴地区的富裕消费者较为年轻——2010年63%的人在35岁以下，而发达国家为43%。同时前者也更为乐观。发达市场消费者一生会接触到许多产品和品牌，这会为他们的购买行为提供足够多的信息。与此不同的是，新兴市场消费者属于新购物者。汽车、电视机，甚至是购买一盒尿布都可能是初次体验。身处杂乱的市场环境和极为分散的零售格局之中，产品介绍与推广方式又缺乏一致性，新兴市场消费者往往要绞尽脑汁才能作出购买决定。另一大特征是，新兴市场消费者是从农村迁到城市的，他们的购买偏好及身份在不断改变。他们乐意接受有效的品牌宣传，但是相比发达市场消费者，他们也更可能为新鲜事物而抛弃某一品牌。

这些特征对于品牌和市场营销战略具有极大的启示。我们的研究显示，中国消费者平均会考虑3种品牌， 60%的人最终会购买其中一个。相比之下，美国和欧洲消费者至少考虑4种品牌，只有30%到40%的人最终会选择其一。

新兴市场消费者更偏爱知名度高、可信度高的品牌。跨国公司可以通过城市群战略建立知名度：先在少数几个选定的城市打响知名度，之后再转战其他城市。专注于当地的营销活动会带来额外的回报——加速口口相传效应并且更容易营造良好口碑，这是在新兴市场取得成功的关键的先决条件。麦肯锡调查发现，朋友或家人的产品正面推荐对于中国消费者的重要性是英美两国的两倍，对于埃及消费者的重要性是英美两国的三倍。

手机和数字渠道，包括电子商务，为打造信任和品牌意识以及与消费者互动提供了新机会。中国超过一半的城市人口为网民。调查显示，比起电视广告，中国消费者更信任网络社区推荐。当然，数字营销必须被纳入多渠道综合促销，包括店内促销和普及推广活动。

7 管理消费者的店铺体验

我们要强调的一点是，在新兴市场，管理消费者在店铺与产品接触的方式十分重要。 45%的中国消费者会在店内做出购买决定，而美国为24%。

大约1/4接受调研的中国消费者表示，店内促销员或销售员在很大程度上影响着他们的选择。我们同时发现，购买高端电子产品的中国消费者在购买前会多次前往商铺，最多可达10次。

管理消费者店内体验是一项巨大的挑战，拥有最大的增长机会的中型城市尤其困难。部分原因在于新兴市场零售网络极为分散。电子商务覆盖率目前仍落后于西方水平，超级市场尚仍属新鲜事物。消费者的大部分购买行为依然发生在随处可见的家庭式店铺中。中国50大零售商的市场份额仅为美国50大零售商的1/10。

覆盖这些小型店铺往往意味着克服糟糕的道路交通及错综复杂的多级经销商和批发商网络。因此，当地销售冠军具有明显优势，包括与经销商和营销人员建立的长期合作关系等。跨国公司应当着手在新兴国家建立更大的内部销售运营体系，投入比本土市场更多的时间与精力将销售门店细分归类，并制定精确的规范与核对表以监控店内体验的质量。

可口可乐在发展中国家一直不遗余力地分析零售门店的范围、确定门店的优先级并掌握不同门店的服务要求。针对每种门店类型，可口可乐分别制定了“成功之图”，详细描述门店的外观与装修样式以及产品如何摆放、展示、推销并定价。公司针对高优先级商店采用直接销售供货模式，如果直接供货性价比不高则选择经销商或批发商。从服务水平、供货频率到冰柜的摆放位置，所有方面都要经过仔细的检查。针对中国200万家零售门店，可口可乐对其中的40%进行直接销售，另外20%到30%则通过销售人员以及促销人员定期店访的方式来监督执行情况。

8 减少“全球化代价”

我们对17家世界领先跨国公司的300多名高管进行了访谈后发现，战略规划、风险管理、人才发展以及运行效率是困扰全球领先公司的主要问题。在相关的研究中，我们也发现表现优异的公司通常要付出“全球化代价”，即组织健康方面的得分比更关注当地业务的公司低。

随着跨国公司规模扩大和多元化程度提高，处理复杂问题的成本陡增。仅有不到40%的高管表示，公司比当地竞争对手更理解运营环境和消费者需求。除此之外，跨国公司要遵循国际标准政策和风险管理实践，而有时这样的做法会妨碍跨国公司在新兴市场采取快速行动以抢占先机。

大型跨国公司通过重新审视组织架构和流程可以减少“全球化代价”。例如，IBM彻底调整了在亚洲的职能分布，将人力资源转移至马尼拉、应收账款转移至上海、会计转移至吉隆坡、采购转移至深圳、客户服务转移至布里斯班。其他跨国公司也已将核心活动转移到离优先市场更近的地方。ABB

将其全球机器人业务总部从底特律迁到上海。戴尔在新加坡创建了跨地区职能中心。

我们发现一些重点管理流程的全球一致性会带来极大好处，跨国公司应当关注这些流程，而在其他方面可以允许多样性，允许根据当地情况进行调整。这样的做法可以提升跨国公司的效率。可以将高增长的国家（即使在地理上并不临近）归类以帮助高级管理层评估需求。明确公司总部的作用至关重要。总部的职能通常没有太大价值反而增加了复杂程度。新的通信工具的确有用，但是管理层必须确保技术不会令员工陷入无休止的网络会议。记住：企业越发展，简单性就越重要。

9 大胆的新兴市场人才计划

新兴市场也许技术工人过剩，但是技术型管理人才相当稀缺而且很难挽留。跨国公司需要具备管理才能和英语能力的员工。在中国符合这些条件的管理人员仅有200万。麦肯锡最近的一项调查显示，跨国企业中国分公司的高管，每年跳槽的比例达到30%到40%，是全球平均值的5倍。当地的明星员工越来越倾向于为国内企业工作，因为当地雇主可以提供更高职位。

我们所研究的17家跨国公司中，仅有约一半的公司能够有效地在不同地域制定有针对性的招聘、培训和发展流程。在最近一项对领先跨国公司的调查中，我们发现这些公司200名最佳员工中仅有2%来自亚洲主要新兴市场。一些跨国公司试图通过砸钱来解决在新兴市场所面临的人才问题。一家领先银行称，为巴西、中国和印度高级员工所支付的工资是英国员工的两倍。

提高工资充其量只能解决部分问题。跨国公司必须制定明确的人才价值计划，也可以打造雇主品牌，以区别于当地竞争者。在韩国，欧莱雅将自身打造成女性营销人才的首选。公司为品牌经理创造更多的机会、优化工作时间、扩大育儿基础设施并采取更开放的交流方式。其他西方公司，例如摩托罗拉和雀巢，也通过与雇员家庭建立联系提升雇主品牌。

加强公司关键职能与新兴市场之间的联系可以为当地人才创造机会，同时提升组织效率。包括思科、汇丰银行以及施耐德电器在内，加强了总部与高增长地区之间的联系并为新兴市场经理提供全球职业发展路径及转岗项目。

考虑到新兴市场对于领导人才的需求，跨国公司需要制定大胆的人才发展目标。我们认为，公司应当力求将新兴市场的领导人才数量增加9倍，而完成这项任务所需的时间只不过相当于其在本土公司的1/10。

10 锁定关键利益相关方的支持

不论在何地开展业务，都需要来自关键利益相关方，包括政府、民间团体和当地媒体（越来越受到网络评论的影响）的支持。有效地管理这些关系可以对公司的市场准入、参与并购活动的能力以及扩大知名度产生巨大影响。我们认为，跨国公司必须在新兴市场投入比发达市场更多的时间和精力以争取此类支持。这方面的举措包括与当地业务伙伴培养关系，如客户、合资公司合伙人、投资人及供应商。这样的建议似乎应当是常识，令人惊讶的是，只有极少数跨国公司会认真对待。

安利在中国的成功向我们展示了有效的利益相关方管理所带来的回报。十来年前，有舆论称安利违反了1998年传销禁令，在中国从事非法业务。安利高管团队多次前往北京，与政府高层领导人见面并解释公司的业务模式。同时，安利在全国范围内开设实体店，并投资超过2亿美元设立制造和研发中心，以此展现公司对中国市场的重视。2006年，中国政府对传销管制进行了修订。今天，安利成为中国第二大消费品企业。

最后，不能忽视资金方面的利益相关方。必须让本土股东接受两点：一，为了新兴市场的长期增长，资本回报短期下降是值得的，而且这也许并不会影响核心市场的业绩。二，随着新兴市场为全球储蓄贡献更大的份额，当地投资者可成为重要的资金来源。

新兴国家新消费阶层的崛起是当今商业时代的最大商机，任何跨国公司都不能忽视。尽管新兴市场十分复杂，它们仍然是跨国公司及其股东未来的最大希望。新兴市场消费者是跨国公司能否赢得价值30万亿美元大奖的关键。在接下来的一个世纪，“全球最伟大公司”头衔一定会被授予给新兴市场赢家。Q

Yuval Atsmon（安宏宇）是麦肯锡伦敦分公司全球资深董事；
Peter Child 是伦敦分公司全球资深董事；
Richard Dobbs是麦肯锡全球研究院负责人和首尔分公司全球资深董事；
Laxman Narasimhan是德里分公司全球资深董事。

作者们谨向Sambit Sathapathy和Jeongmin Seong对本文所作的贡献表示感谢。

如何在新兴市场树立品牌？

Yuval Atsmon
Jean-Frederic Kuentz
Jeongmin Seong

善于驾驭口耳相传效应、强调店内执行、使品牌纳入消费者最初考虑短名单的公司更有希望赢得新兴市场消费者的品牌忠诚。

新兴市场的快速发展赋予了几百万消费者全新的购买力。这些消费者所处的营销环境，其复杂程度与变化速度毫不亚于发达国家。产品选择与沟通渠道爆炸式发展，电子平台的潜力也不断得到开发。如同世界其他地方一样，新兴市场消费者被赋予了更多权利。

在发达市场，类似改变产生了巨大影响。三年前，我们的同事David Court与其他合作者提出了理解消费者行为的新方法[1]。我们的研究涵盖了三大洲五个行业的2万名消费者。在该研究基础上，麦肯锡提出应替换传统的“漏斗”比喻，即消费者的起点是位于漏斗口径较大的一端，也就是说消费者事先已备有几个品牌选择，之后逐步缩小选择范围从而做出最终的购买决定。消费者行为不再是线性进程，而是包含多个反馈环的迂回过程。麦肯锡因此提出了消费者决策进程，同时确定了商家必争的四大战场。

这四大战场分别是最初考虑，指消费者最开始决定购买意图并考虑品牌的阶段；积极评估，指调研潜在购买选择的阶段；确定选择，指确定品牌；

---

[1] 详见David Court、Dave Elzinga、Susan Mulder及Ole Jørgen Vetvik所著《消费者决策进程》，mckinseyquarterly.com，2009年6月。

售后阶段，指消费者体验所选择的产品或服务。这四个战场对于所有市场都十分关键。技术使得消费者能更深入地参与到决策进程的各个阶段，这是发达市场与新兴市场共同的趋势，但仍有一些重要的环节反应了新兴市场消费者不同的特征。普遍来说，新兴市场消费者的品牌及产品类别购物体验不能与发达市场消费者相提并论。许多新兴市场消费者还处在购买首部汽车、首台电视机，甚至是第一包尿布的阶段。

我们的研究发现，新兴市场消费者与发达市场消费者存在三大区别（见图1）。本文将着重讨论这三大区别带给企业的启示。首先，利用口耳相传可以创造极大价值。在新兴市场消费者的决策进程中口耳相传发挥着极为重要的作用。其次，使品牌纳入消费者最初考虑范围在新兴市场尤为关键。最后，公司需要特别关注产品在店铺的情况。因为新兴市场消费者店内购买的比例比发达市场要高。

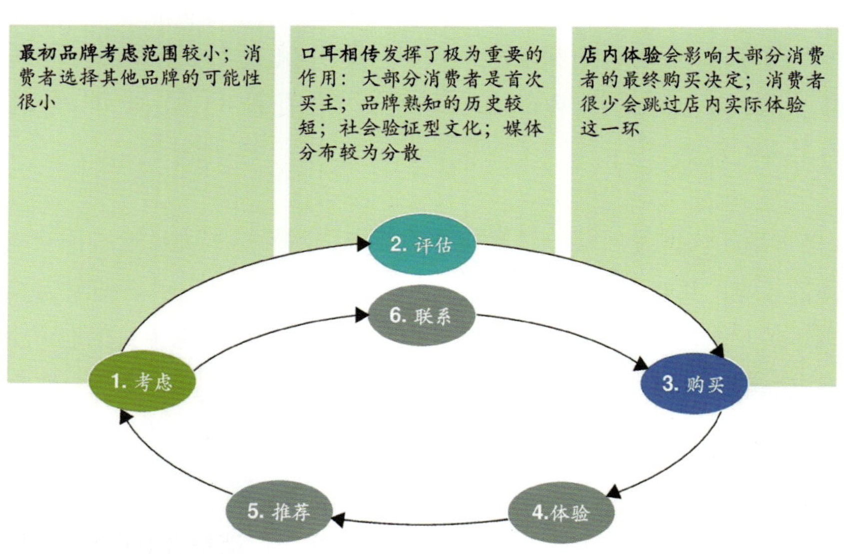

图1　新兴市场消费者决策进程的三大特征

瞄准地理重点，善用口耳相传

比起发达市场消费者，口耳相传对新兴市场消费者的购买决策起着更为关键的作用。我们在一定范围的发达市场与新兴市场进行了调查。结果显示30%到40%的英美消费者表示，在做出购买决定前会听取朋友或家人的建议。在亚非消费者中，这一比例较高，有些情况下甚至非常高：例如，在中国这一比例超过70%，埃及超过90%（见图2）。同样，64%的中国受访者称在购买保湿霜时会考虑朋友及家人的推荐，而这一比例在英美受访者中不到40%。

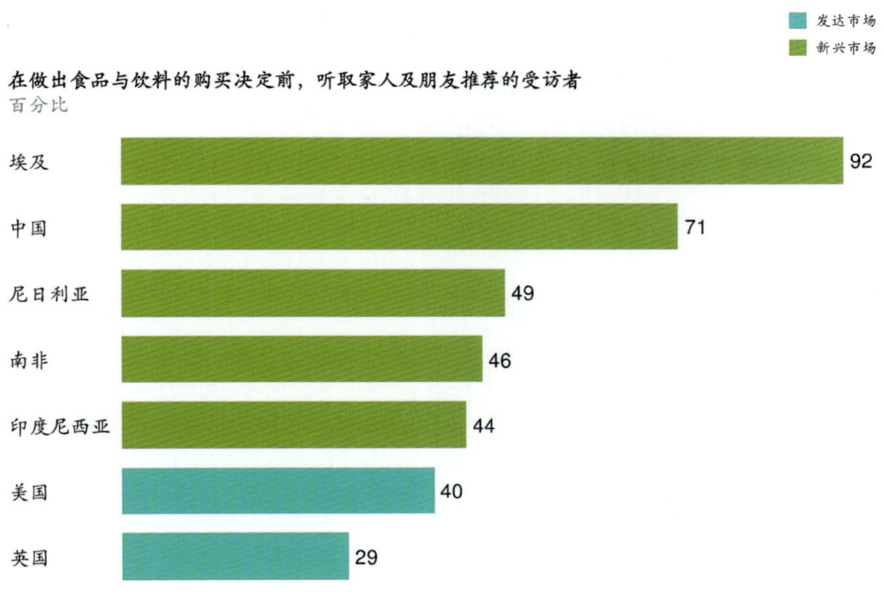

资料来源：麦肯锡2011年调查，对象为512名南非消费者、4244名中国消费者及1198名印度尼西亚消费者；麦肯锡2011年在线对标调查，对象为150名英国消费者及250名美国消费者

图2 新兴市场消费者受亲朋好友推荐的影响极大

口耳相传之所以发挥关键作用，一个重要原因在于消费者正在“初次消费”——超过60%的中国汽车购买者是首次购车，30%到40%的笔记本电脑消费者也属首次购买——受品牌影响的时间还没有长到足以让人产生品牌忠诚度。看到朋友使用就会让人安心许多。事实上，消费者对产品了解得越少，这个选择就越为突出，消费者就越在意其他人的看法。具备信心（缺失信心）使得消费者初步选定一组品牌进行评估，这一过程尤其会受到朋友及家人的影响。

口耳相传在新兴市场属于本土化现象，部分原因在于新兴市场消费者普遍离朋友和家人比较近。此外，网络评论虽然可以跨越地理界限且在新兴市场增长迅速，但是比起发达市场而言，其覆盖范围和可信度仍略为逊色。根据本年度中国消费者调研，只有53%的受访者认为网络推荐是可信的，93%的受访者相信朋友和家人的推荐。该调研同时显示只有23%的中国消费者会从互联网上获取购买信息。而60%的英美消费者在购买食品、饮料和消费电子产品时依靠网络获取信息。

这一特征意味着如果采取瞄准地理重点的战略以取代平均分配市场营销资源的战略（例如，瞄准全国范围内的所有大城市），那么企业可能获得极大回报。通过在相邻近城市组成的城市集群获得较大的市场份额，由此开创良性循环：一旦品牌达到临界点——通常至少为10%到15%的市场份额，额外用户的口耳相传将迅速提升公司声誉，公司不需增加市场营销支出就能赢得更大的市场份额。

在中国，瓶装水品牌怡宝在全国市场所占的市场份额极小，但在南方，其市场平均份额达到25%到30%。该品牌针对的主要是小商店和小餐馆，南方某些小型店铺中，怡宝的份额占到了45%到50%。

挤入消费者最初考虑短名单

新兴市场消费者最初考虑的产品选择较少，并且很少会选择最初考虑范围之外的品牌。我们对9个品类（包括食品与饮料、消费电子产品以及家庭及个人护理产品）进行了调研，结果显示中国消费者最初会平均考虑3个品牌，最终有60%选择购买其中一个品牌。美国和欧洲消费者平均会考虑4个品牌，最终决定购买其中一个品牌的比例为30%到40%。

如果品牌要挤入消费者最初考虑范围，那么首先要使消费者意识到该品牌的存在，通过电视及其他媒体投放广告获取知名度是至关重要的第一步。再次重申，瞄准地理重点至关重要。新兴市场消费者不仅普遍与朋友和家人住得比较近，同时相对于全国性媒体而言，他们更倾向于收看当地电视台及阅读当地报纸。通过当地渠道在目标地理市场获得较大发言权可以帮助形成一种认知，即该公司的主要品牌位于市场前沿。这种认知会带来很大好处。因为新兴市场消费者更在意品牌的市场地位，并且由于自身经验不足，所以更偏好被他们视为市场领先的品牌。

仅仅在广告方面投入巨资仍不足以确保品牌被纳入最初考虑范围。公司也需要向客户传递量身定制的信息以应对当地市场的偏好与担忧，以取得信任。一些经验可能已经在发达市场取得骄人战绩，也需要测试其是否适合当地市场。当宏基中国测试“简化我的生活”这一口号时，其营销重点在于强调宏基个人电脑的低成本，但这未能引起中国消费者的共鸣。对于典型的中国消费者来说，购买个人电脑属于购买大件商品，所以他们最关注的是产品耐用性。而且，购买个人电脑大多为了娱乐，而非提高生产力为目的。在目标客户群中，宏基所要传达的“物超所值”引发了怀疑，人们认为宏基产品的可靠性可能不高。

宏基为此改变了信息的传递，转而强调可靠性，而非简单与生产力。这一转变将宏基塑造成更重要和值得信赖的品牌，从而被纳入了更多客户的考虑短名单。其市场份额在不到两年的时间里翻了一番。

赢得店内战役的胜利

新兴市场消费者的店内购买比发达市场持续时间更长且重要性更高。他们非常喜欢多次走访多家商店以系统性地搜集信息。购买大件商品时，这一做法更普遍。针对主要消费电子产品，典型的中国消费者决策进程需要至少2个月，包括超过4次店访。他们喜欢测试产品、与销售人员交流以获得产品信息并与零售商砍价以争取最划算的价格。

因此，新兴市场的购买阶段存在着极大空间来影响并塑造消费者的最终决策。我们在2008年首次量化了这种区别（见图3）。此后的一些研究再次支持了该观点。例如，店内体验是影响新兴市场消费者购买平板电视的最大因素；中国消费者更换快消产品品牌的概率比美国消费者高一倍。

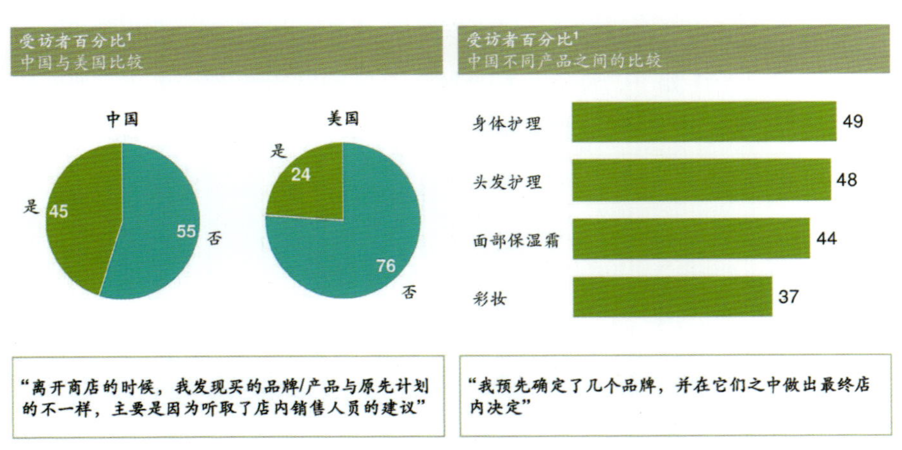

1 是＝表示强烈同意或同意的受访者；否＝表示强烈反对或反对的受访者
资料来源：2008年麦肯锡调查，对象为5372名中国消费者及~300名美国消费者

图3 店内体验对中国消费者决策影响巨大

从图3可以看出管理店内体验尤为重要，对这一挑战再强调也不为过。产品在经过两级或三级分销商后会在上万个零售网点销售。企业很难掌握购买阶段情况究竟如何。销售、包装及店内促销行为的不一致很容易抹杀产品的高品质及精心打造的广告战略。

避免这种情况的第一步就是要透彻了解零售市场，即市场细分方法以及重点网点位置。公司必须基于激励计划、与经销商的合作以及零售管理项目制定有针对性的管理体系。针对重点网点，公司必须部署严格的控制模式，运用监管员、神秘店访员以及IT基础设施支持以确保店内表现可视化，足以进行评估。

联合利华在印度部署了大量资源以覆盖上万个村庄的150万家商店。大部分销售人员携带手持设备以随时随地预订补货，并且与供应商数据同步。在印度尼西亚，可口可乐公司与当地零售商关系密切，40%的销售量直接给了他们。剩余的大部分售给了一些批发商。这些批发商雇员少于5人，年收入不足10万美元，他们将可乐产品转售给小型零售商。在一些零售网点，可口可乐公司并不提供直接服务。为了改善这些网点的店内执行，公司部署了额外支持，包括为零售网点提供免费的冰柜和自动售货机，并为商贩提供销售效能培训。

善于利用口耳相传效应、强调店内执行、使品牌纳入消费者最初考虑范围，这三大原则看似显而易见，但真正将之付诸实践却并非易事。实现三大原则需要大胆的投资决定、打造当地团队技能的努力以及以完全不同于公司总部的方式的勇气。所幸的是，一分耕耘一分收获，付出与回报总是成正比的。在每一个接触点，包括朋友、家人和店内体验，如果新兴市场消费者对品牌的正面印象始终如一，那么他们选择该品牌的可能性就非常高，那些花钱花得巧而非花得多的公司也将最终胜出。Q

Yuval Atsmon（安宏宇）是麦肯锡伦敦分公司全球董事；
Jean-Frederic Kuentz 是台北分公司全球董事；
Jeongmin Seong 是上海分公司全球副董事。

从牛车到沃尔玛：触及新兴市场消费者的四大关键

Alejandro Diaz
Max Magni
Felix Poh

想让产品在新兴市场畅销，全球制造型企业需要同时在传统和现代商业版图领先的战略。

在所有的新兴市场，跨国公司都面对着让人眼花缭乱的战略与运营挑战。一方面，它们要与传统零售商正面交锋：各种五花八门的商铺、售货亭、摊贩等小商户，卖的东西包罗万象，有杂货也有品牌商品，如饮料、小家电或个人护理品。另一方面，跨国公司还要跟现代零售商——包括家乐福、乐购和沃尔玛等全球巨头，以及本地佼佼者，如中国的华润万家，巴西的Grupo Pão de Açúcar打交道，而后者正在成为新兴市场快速增长的一股强大力量。

我们把新兴市场的零售形态分为三大类（见图1，主要为生活日常用品销售）：

- 传统市场为主，如印度、尼日利亚和印度尼西亚，小商户分别占到了市场的98%、97%和85%[1]。
- 现代市场为主，如中国、墨西哥和南非，现代零售业占到了总销售

[1] 全部市场份额数据来自Euromonitor 和Planet Retail 最新的（如2011年）报告。

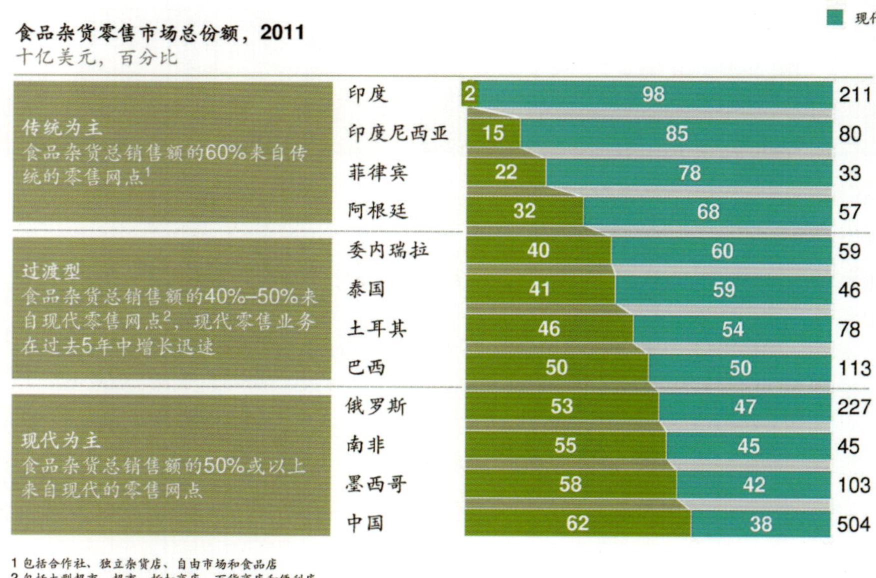

图1 新兴市场的零售业涵盖了传统为主导现代为主的各种形式

额一半以上。

- 过渡型市场，小商户暂居主导地位，但是现代零售商正迅速抢占地盘。比如，土耳其现代零售商的销售份额就从2005年的26%飙升到2011年的46%。

如果跨国公司对新兴市场制定基于国家层面的战略规划，它们就会发现，在同一个地区、城市乃至街区都存在极大差异。即使是在现代零售业主导的市场，比如中国，现代零售网点占到了全国零售版图的2/3，传统商业与现代商业仍然并存。尽管增长迅速，中国前十大零售商只占市场总额的11%，而美国前十大零售商占国内市场的51%。一些中国大城市，如成都、重庆、大连、沈阳和武汉，现代零售网点只占总销售额的50%。相比之下，北京和广州达到了75%，深圳是80%，上海为77%，有超过100家大型综合超市供市民选购。

简而言之，新兴市场零售业形态多样，不易捉摸。以下是成为赢家的四大关键。

1. 接纳新兴市场商业形态的双重性

迈向成功的第一步是企业认识到必须更有效地同时与传统和现代零售网

点合作，而且这种并行的合作在可预见的未来还将持续。在一些新兴市场，尤其是印度，政府明确保护小商户。文化偏好、基础设施薄弱以及人口的地理分布也保证了传统商户的重要性。根据我们的经验，公司如果能够就传统零售商制定精准战略，其在新兴市场的收入可提高5%~15%，利润提高10%~20%。其原因就是大型零售商向厂商提的各种要求——大型连锁商很熟悉，容易应对，能够让厂商集中精力在战略、产品开发或招聘上，这些零售商要求高上架费和高折扣，还有很多其他小商户不会提的条件，而且他们还会迅速换下卖得不够好的商品。

一些企业选择从大型连锁零售商入手，取得一定市场地位后再逐渐与传统商户合作。南非的虎牌集团(Tiger Brands)首先通过大型零售商来巩固其国内市场份额。从Purity牌婴儿食品到Doom牌杀虫剂，虎牌集团的产品五花八门，占据了南非各家大零售商销售额的约15%。接着，该集团开始了在非洲其他市场的并购。鉴于小商户在这些国家的重要地位，虎牌集团必须培养与传统零售商合作的能力，才有可能成为在非洲市场胜出。

一些厂商则反其道而行之，先通过传统零售网点保证市场份额，再转向大型零售商寻求扩张。

2. 细分与攻克

跨国公司通常很难在短时间内就覆盖甚广，所以必须通过细分和排序来选定优先销售网点。精密的细分战略对瞄准传统销售渠道尤为关键，因为一个国家很可能会有几百万个销售网点。比如，根据不同的分法，中国有300万到800万个销售网点，印度有800万个到1500万个。在规划如何进入这些新兴经济体时，我们强烈建议厂商们首先基于一个地理区域或城市集群，尽可能实现网点全覆盖，然后再开拓下一个市场。

要有效地掌控这些市场，厂商应该更多地关注优先网点当前销售额以外的情况。新兴市场传统商户的销售数据从来就不可靠，就算这些数字是准确的，也仅仅反映了厂商在该商户上的投入。要预计销售潜力的话，更恰当的方式是使用前瞻性的参数，比如，商店大小、与工作地点或学校的距离、交通流量、附近居民收入或货架空间。

一家领先全球食品公司就利用人口调查和公共交通数据来划分中东地区的销售网点，包括网点大小（6个细分，从超过130平方米到少于30平方米）、交通流量（高中低）以及周边居民的收入（高中低）。分类的结果是一组有36个小格的网格，聚合为6类不同的细分，使得经理们可以战略性地决定哪些网点应投入更多，哪些网点只需给予基本支持。

下一步是精确地指明每个网点细分相配套的服务、支持和激励措施。可

中国某大型乳制品公司的店铺陈列图（非按比例绘制）

市区大型超市（45,000-55,000平方英尺）

可能提供一定激励措施，如折扣、更丰厚的利润空间、更高档的陈列和更频繁的交货/销售访店

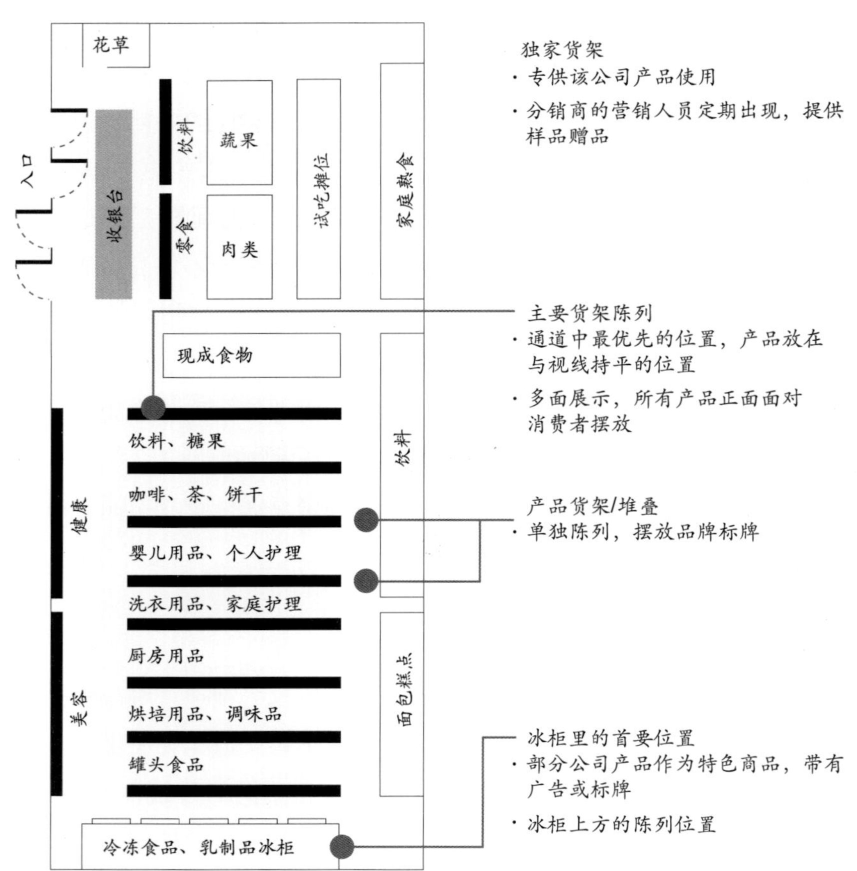

小便利店

可能提供的激励措施包括免费设备、品牌宣传、华丽陈列和外部标牌，从而吸引眼球

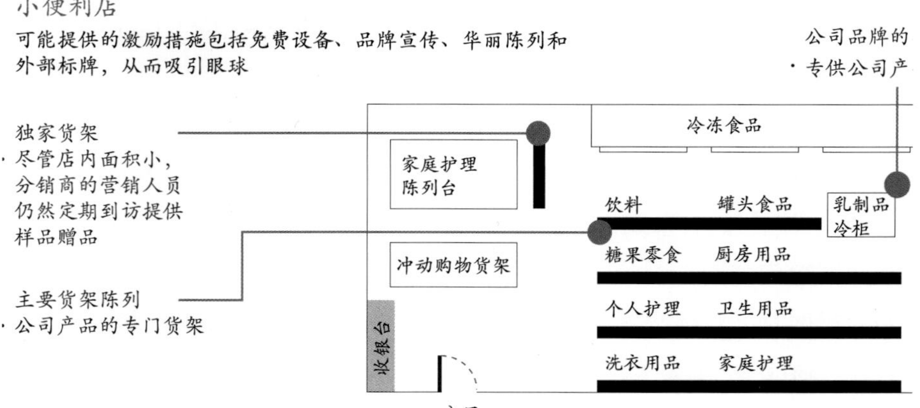

资料来源：实地访问；麦肯锡分析

图2 打造“成功图”需要根据不同网点的类型量身定制零售的价值主张

口可乐把这个过程称为“成功图”。这个商店看上去应该是什么样子？可口可乐的产品应该如何陈列、储存、定价和宣传？通常，位于富裕和闹市区的大商店会比在贫穷和交通不便地区的小店得到更多支持，但是还有很多其他变量要考虑。经理们给每个细分量身定制一套价值主张。公司是否应该提供冰柜，该提供多少？应该提供哪种标牌和其他宣传材料？应该提供哪些可口可乐的产品，哪些包装规格的产品？销售团队应该多久去看一次店？（见图2）

在新兴市场，生产厂商必须要竭尽全力来定制一整套零售商的激励措施，才能保证“成功图”得以实现。大型连锁店当然最看中更多的折扣和更丰厚的利润空间，还有更好的推销，更高档的陈列和更频繁的交货，销售人员也要经常去看店。一些传统零售商可能也看中这些。但是，它们可能更在意免费设备、品牌宣传、更华丽的陈列和外部的标牌，来帮助产品吸引眼球。在很多情况下，厂商只要为传统零售商支付电费，或者为店主、雇员及其家人提供医疗保险，就可以赢得这些小商户的忠诚。在墨西哥和印度的一些城市，店主们很在乎商店外观，所以保证合作关系性价比最高的方法可能是厂商许诺每6个月免费为店家刷一次油漆。

生产厂商应该精确地调整优惠措施。所有对零售商的“给予”都应该有所“回报”，比如，保证一定的销售量或者提供更好的货架位置。墨西哥一家食品巨头为小商户安装高端的货架和陈列架，要求店主保证在显要位置展示其产品。另外，来自零售商的真正“回报”程度还为厂商提供了重新评估网点潜力所需的重要信息。

3．平衡成本与掌控

即使是最精密的细分战略，如果货物运输和零售商服务的模式有缺陷，也会无疾而终。由厂商的卡车和经过培训的员工来直接运输交货是现代零售业的最佳选择，但是这种方式成本较高，只适用于那些最重要的零售网点。通常而言，由批发商来交货就足够了。

比如，联合利华在印度尼西亚用自己的车队服务普通超市和大型超市，但是由于印尼岛屿众多，联合利华借助各种产品相应的独家分销商的网络来触及小商店，而服务独立的小零售商和小型连锁商店的又是另外一套网络。比如，对于那些骑着带冰柜的三轮车卖雪糕的小贩，联合利华的供货就是通过特许雪糕分销商。联合利华在印度也采取了类似的多渠道方式来触及全国超过一半的人口，涵盖全部的中心城市和85000个村庄，在有的地方，供货甚至是靠牛车和拖拉机。

可口可乐一向青睐尽可能地实现直接供货。但是，在肯尼亚，由于送货卡车开不进简陋的乡间道路，可口可乐选择用单车或手推车送货给小型分销商，然后由它们去覆盖占全国人口90%的零售网点。这一囊括众多小商贩的网络不仅为可口可乐赢得了绝佳的口碑，还被国际金融公司(International Finance Corporation)誉为跨国公司帮助本地创业者成长的范例。

在许多相似的市场中，厂商需要与数千个分销商和批发商打交道，很难对它们产生影响力，进而实现品牌的目标或者战略。因此，许多全球消费品企业高管认为，对分销商进行细分和优先排序与对零售网点进行细分和优先排序具有同等的重要性，目的是要培养起可靠的优选分销商，能够帮助厂商实现不同销售网点的相应战略目标，有时这也意味着整合分销网络。

在印度，联合利华印度针对孟买市场将21个分销商整合为4大分销商[2]。相类似地，十多年前宝洁公司就缩减了中国分销商的数量。并购是重新评估各分销商的绝佳机会，俄罗斯一家迅速发展的消费品企业就是这么做的，将300家良莠不齐的分销商转型成100家核心高效的明星分销商。

4. 用技能和科技武装前线员工

这些销售分销网络对前线的执行有着严格的要求。西安杨森和强生中国消费品及个人护理产品业务部都要求旗下销售人员5年内接受5个模块的正式培训，掌握推销和团队管理等专业技能。公司还有非正式的辅导（“影子”访店）以及每周“学习例会”，重现并分析该周的销售难题。除此之外，领先公司还定下目标并且提供激励措施，旨在推动销售的正确执行，而非仅仅提高销售量，比如说考核店内陈列的质量。

与此同时，公司应当意识到新兴市场销售团队的能力差异，并尽量标准化销售人员访店的质量。比如，中国饮料和方便面巨头康师傅为销售人员提供每种网点细分对应的清单，每次访店都必须完成上面的项目。百事销售人员的指南也涵盖了一系列具体任务，从向零售商打招呼到检查库存量。无论是厂商聘请并管理自己的销售团队，还是借助（或监督）分销商的销售团队，清单和标准化的流程都能起到帮助作用。这类“影子管理”对中国的一些领先跨国公司也非常有效。销售经理常常会被“嵌入”分销商去培训员工和提供不同商店类型战略执行的建议。这些销售经理也可以和分销商的销售团队一同访店、观察业绩，提供现场辅导。

科技的重要性越来越明显，手持设备对销售人员尤为有用。中东地区的一个零食公司就利用与卫星相连的手持设备跟踪销售人员的地理坐标，如果没有按照正确的顺序到访网点，设备将被冻结，销售人员也就无法完成任

---

[2] Sudha Menon, “HUL set to streamline distribution network,” LiveMint.com, 2009年1月9日。

务。总部的团队也能够定期监控各个销售人员的位置，确保他们的确是在访店而不是干私活儿。这些手持设备中已经预存了各个需要访问网点的详细指南，比如，网点所属的细分、历史销售数据、销售的产品以及上次访店后应采取的行动。过去，实现这些功能需要专门的移动设备和高昂的硬件成本，而现在，低价智能手机上的一个程序就可以做到。

最终，家庭型商店可能会被时代淘汰，中国和印度的下一代农村孩子会在舒适的购物广场或者购物网站买东西和享受服务，而对随处可见的小商铺不屑一顾。但是，就现在而言，在这些新兴经济体跑马圈地的跨国厂商们必须与各类零售商建立起长期的合作关系，并且抢在竞争者之前。Q

Alejandro Diaz是麦肯锡达拉斯分公司全球资深董事；
Max Magni（马思默）是香港分公司的全球董事；
Felix Poh是上海分公司的全球副董事。

McKinsey Quarterly

洞 见

创新与转型：中国证券业未来十年展望

Emmanuel Pitsilis
Joseph Luc Ngai
吴晓薇
廖红英

受惠于过去十年的大规模重组和市场复苏，中国证券业尽管经历了2009至2011连续三年的市场不景气，营业收入仍然从2005年的130亿元人民币攀升到2011年的1630亿元人民币；从6年前60亿元人民币的行业亏损，一举实现460亿元人民币的盈利。然而在我们看来，目前零售主导、关注现货市场、同质化和低技术含量并非可持续性的业务模式。

行业现状：已经转向，但尚未转型

自2005年以来，证券业的整合度大大增强：券商的数量从175家缩减为110家左右，行业前十名的公司占据了45%的市场份额。证券业的盈利能力得到恢复，2011年在市场周期性低迷的情况下，仍实现了460亿元人民币的盈利，这在从前还未曾有过（见图1）。

增长中的机构投资者

从交易量看，个人投资者仍然占据主导地位。但机构投资者迅速增长，并代表了70%的流通市值和30%的股票交易额，而后者到2016年极有可能超过35%。

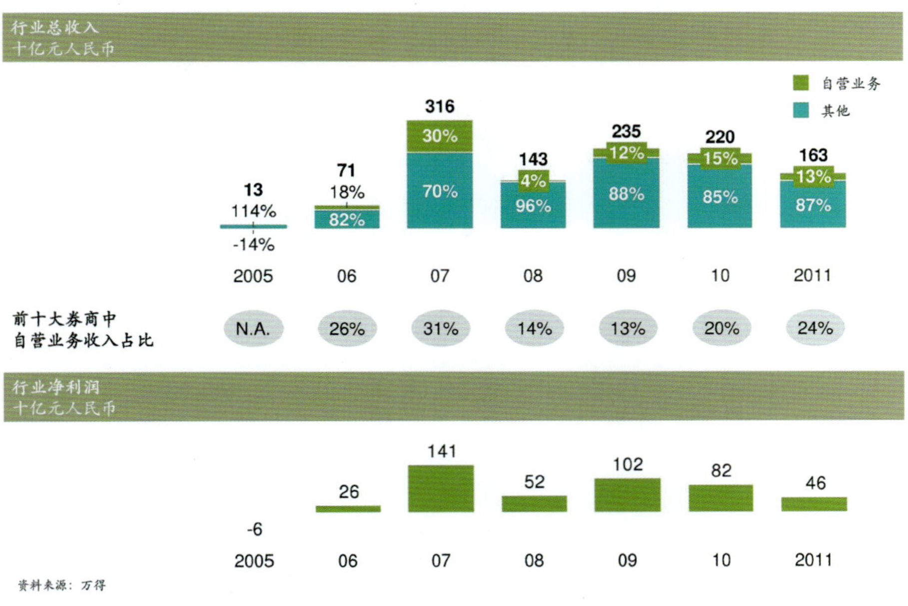

图1 中国证券市场的集中程度和利润水平

更多样化的初级市场

目前，多数大型国有企业已成为上市公司，大公司也从首次公开发行转向了再融资。2011年，中国公司在内地和香港证券市场筹集到的资金中有40%来自首次公开发行（IPO），五年前这个数字是60%。现在中型企业[1]占到了IPO总量的70%以上，而在五年前这一数字仅为30%。

股票现货交易业务演变中的经济效益

券商的零售经纪佣金在2002年后降至10个基点左右；机构业务佣金则下降到8个基点[2]。但仍高于亚洲典型资本市场的平均值。另外，零售网络中介业务的渗透率超过了70%。

证券业仍然由大型、同质化严重的国内券商所主导，其收入高度依赖于股票经纪业务和自营业务的增长。2011年，排名前十位公司的收入有62%来自以上两大来源。因此，利润仍然与市场交易量紧密相关。其中一个原因

---

[1] 中型企业的年收入在3千万到3亿元人民币之间。

[2] 资料来源：全球通视；相当于8.2%的实际GDP增长。

是资本市场仍相对不成熟。

盈利与市场交易量紧密相关的一个原因是资本市场相对不成熟（见图2）。尽管增长迅猛，债券市场仍然很小；没有公司控制权市场；股票现货市场震荡极大。另外，证券公司在与外资对手的竞争之中，仍受到保护，在市场向好时，会因为缺乏激励机制而不能向差异化转变。

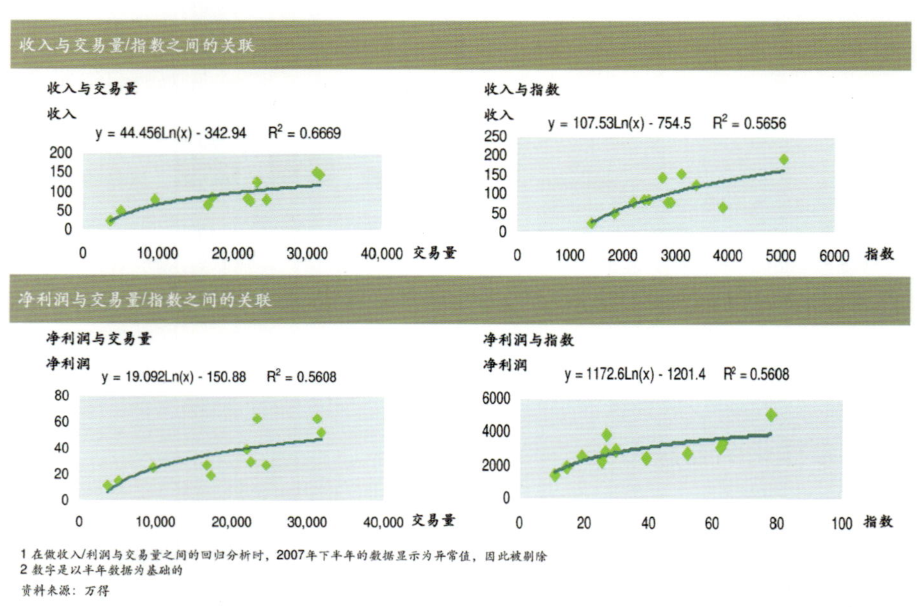

图2 收入和利润分别与指数和交易量之间的关联度

本文接下来将探索未来十年可能出现的趋势。我们相信，这十年中必定会发生重大改变，尤其是成功商业模式的构成要素。而只有那些具有远见的国内证券公司才能在竞争中抢占先机。

市场情景：增长放缓，效益极不确定

我们就证券市场的演变设计了三种情境，最好和最差的市场情境之间的营业收入之差甚至达到160%。我们对多个相对可预测的结构性因素进行了充分考量，也分析了一些重大的不确定因素，如市场复苏的速度和政策放宽的节奏。

中期而言，受结构性因素影响，年增长率或将保持在11%~16%，这是一个相对放缓但仍属平稳的水平。

2011年至2016年间收入保持15.5%的年增长率（略高于名义GDP），这足以使业内的领先公司实现扩张和业务转型。我们对以下几个结构性因素进行了考量：

金融深化。2011年，股市总市值与GDP之比为46%。随着12%的名义GDP年增长率，加之金融深化持续，预计2016年市值与GDP之比将达到57%，意味着有潜力实现16%的市值增长。

价格的差异化不会对平均佣金水平产生下行压力。交易技术的进步，如直接市场接入使得将来一些公司仅靠极低佣金也能盈利。但未来5年平均佣金水平将根据提供服务的层级不同而更为差异化。目前一些机构经纪业务已经采用该种模式，客户愿意多付几个基点来享受更好的服务、研究和交易平台。

再融资发行和中等市值IPO将推动交易量复苏。多数大型国企均已上市，未来数百亿元级的IPO较之过去将大幅减少。中型上市公司的再融资和中等市值IPO将成为两大关键增长点。举例而言，银行业对于再融资有着庞大的需求：该行业需要在2012至2016年间筹集2.3万亿元人民币的资本，才能维持过去10年间60%的增长速度以及目前的高分红政策。同样地，目前尚有700多家中小型企业在等待上市，其IPO价值约在2亿至200亿元人民币之间。

新产品大量面世，融资融券业务爆发性增长。新产品和增值服务开始出现，包括固定收益、外汇和大宗商品（FICC）、大宗经纪、衍生品和融资融券。大多数新的产品线在2016年前都只会占行业收入中较小份额，融资融券除外。未来五年融资余额可能会达到5900亿元人民币，收入（扣除融资成本）约为350亿元人民币，相当于目前行业佣金总收入的33%。这也可能促使融资成为行业利润的主要来源。

长期而言，FICC是一大不确定因素。中国可分为两个子市场：银行间债券和外汇市场以及衍生品市场；交易所债券市场及衍生品市场开展业务。目前各自独立的两个市场的融合在短期内带来的机遇可能相对较小，而在长期则有可能成为主要的增长因素之一。

这些结构性趋势将在未来五年带来超过15%的年增长率。总收入[3]将从1350亿增至2780亿元。零售佣金[4]占总收入的比例将从43%降至36%，保证金融资的比例则从零升至13%，而机构客户的比例会从15%

[3] 包括来自股票经纪、融资融券和其他经纪业务、股票资本市场/债券资本市场、并购和券商资产管理 。

[4] 不包括保证金交易佣金收入。

增至19%。

极大的不确定因素

上述结构性趋势具有很高的可预测度，但由于受宏观经济增长和监管变革步调的影响，本行业仍存在极大的不确定性。

在最不乐观的“相对停滞”情境中，市场停止深化，名义GDP增长跌至每年10%左右，佣金水平走低，自营交易的利润接近于零。这些将导致2011年至2016年之间的收入年增长率降至4.7%，大大低于名义GDP增长，从而造成许多市场参与者无利可图。

在最乐观的“重回繁荣”情境中，持续的经济增长，理性的行业行为，以及利于创新的监管环境，将推动2011年至2016年之间的收入强劲增长—年增长可达 26.8%（2010至2016年间为16.5%），而利润增长可能更快（见图3）。

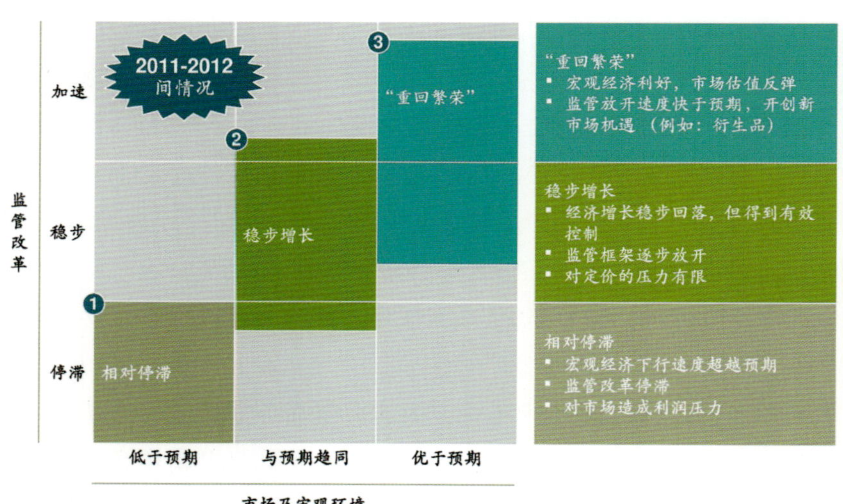

资料来源：麦肯锡分析

图3 中国证券行业的三种发展情况

除了券商行业收入水平不确定，谁能捕捉机遇也是未知数。2010年至2011年，外资券商仅获得了中国机构经纪业务总收入的2%[5]。鉴于大多数

[5] 如果把中银国际证券和中金算作外资公司，则占比为7%。

中国券商还无力应对外资对手的猛攻，向外资快速、全面开放市场的可能性非常小。但未来10到15年内，此类巨大变革仍有可能发生。

另一个不确定因素是来自国内银行的竞争。一旦允许银行参与市场竞争，它们就会成为难缠的对手，尤其是在FICC和富裕客户的财富管理服务方面。此类冲击发生的概率较小，但造成的影响很大。

未来十年的制胜关键：差异化

为需求分化的散户市场服务

虽然目前中国散户的需求同质化程度依然很高，但是未来很可能出现需求分化，其中最具差异化潜力的就是富裕客群及高净值客群。

本土券商应当及时把握住富裕及高净值客群这一重要机遇。根据麦肯锡的调研，该客群对金融服务公司最重要的筛选标准是客户经理是否真正了解其需求并且能够提供专业化的建议。

在交易执行的层面上，差异化可能性不大。本土券商可以通过提供更好的投资建议和扩大投资平台（开放式或封闭式）来实现差异化发展。

另外一大机遇是为自助交易型客户提供依靠高科技的经济型基本产品。小公司依靠低廉的手续费可以迅速抢占市场份额。当然，想要建立这种模式必须克服很多挑战。

一大挑战就是监管规定，例如散户投资者只能申请一个账户，必须亲自到证券交易所开户等等。另一方面，中国的散户手续费已经很低，借手续费市场化之机抢占市场份额的例子恐怕难以在中国市场复制。因此，我们认为此模式只会被现有大型券商逐步采用以提高整体客户服务水平。

为机构客户提供差异化和升级服务

在接下来的十年中，机构经纪业者将从相对简单的业务模式（侧重于执行和以“提示”为主的研究）转型到多元化业务模式（例如侧重于执行和研究洞见）和更加广泛的产品和服务（例如大宗经纪服务、证券衍生品、企业接入服务）。由此也产生了以下策略：

（1）研究洞见的竞争。对于本地一线券商， 最基本的差异化包括研究洞见、企业服务、国际市场分销以及本地市场的良好执行和服务。大量客户调研显示，投资者在支付手续费时十分注重研究洞见和资源的质量。本地券商也有机会向国际投资者提供此类独到的区域性指引。另外，与公司管理层的人脉关系也被视为最有价值的资源。

（2）交易执行的竞争。搭建和维护市场联结网络的成本日趋走高，各家券商难以从交易执行层面实现差异化。只有那些最具成本效益，且愿意大力投资技术平台的大型券商，才有可能将此策略持续下去。

（3）风险洞见的竞争。亚洲市场中的一些大型券商已经成功地把愿意承担风险的散户投资者与有对冲需求的机构投资者匹配起来。这种方法可能需要同时对场内和场外交易的衍生产品和结构型债券进行分拆并且重新包装。目前还没有券商采用该方法。

升级和差异化投行业务模式

投行业务主要有三种模式：顾问型、综合型和财务型。顾问型模式的最大特点是以高素质的专业人才见长，且能为企业提供高水准的投资建议。综合型投行则把投资建议与具体产品和服务“捆绑”起来，如现货股权。财务型模式在流动性吃紧的环境下作用更为突出，投行业务需要银行的财务支持来达成某项交易（如通过并购融资）。

我们认为以上三种模式将在中国市场并存。本土公司会朝其中某种模式发展，进而与国际对手在各个细分中竞争，其中重点打造销售流程是更有效，也更具成本效益的方法。

我们认为，中国证券公司需要十年来实现转型，目前它们仍处于这一历程的起点。券商必须正视两大选择：业务组成及其相应的业务模式。中国证券市场未来的赢家必定是始终关注创新与差异化，灵活应对市场波动和短期震荡的业者。Q

Emmanuel Pitsilis（姚万里）是麦肯锡香港分公司全球资深董事；
Joseph Luc Ngai（倪以理）是香港分公司全球董事；
吴晓薇是上海分公司全球副董事；
廖红英是麦肯锡公司金融业务知识专家。

抽丝剥茧：中国私立医院的机遇与挑战

Claudia Süssmuth Dyckerhoff
Alexander Ng
Florian Then

为帮助私立医院的运营者及投资者理解和把握中国当前的市场机遇，麦肯锡公司近期对中国的医生和患者双方进行了全方位调研，从而深入了解他们对私立医院的需求及看法。同时，我们提炼出五大成功要素，以期为医疗服务提供者及投资者提供一些启示，帮助他们提升核心竞争力，并在快速发展的市场中，将愿景转化为切实的经济收益。

无论对患者、运营者还是投资者来说，中国私立医院都意味着巨大的机遇。对患者而言，它提供了可供选择更优质医疗服务的机会；对运营者及投资者而言，它意味着巨大而快速增长的市场机遇。私立医院的蓬勃发展，还可缓解公立医院承担的压力，从而使中国医疗体系整体健康发展。2011年，中国的公立及私立医院共收治住院病人1亿人次，门诊20亿人次。根据卫生部设定的目标，至2015年，私立医院管理病床以及接待的住院/门诊患者将达到全国总量的20%。对于目前仅占病床数量11%和患者就诊量8%的私立医院来说，这是一个具有挑战性的目标。

尽管市场前景诱人，但迄今为止私立医院在中国的发展并不尽如人意。本文将分析造成这种现状的主要原因，并讨论新医改将给私立医院带来怎样的发展契机。我们将对调研中医患双方对私立医院的观点进行归纳，并在此基础上提炼出私立医院的关键成功要素。

私立医院的历史背景

无论是从行业发展还是从公众的角度来看，本世纪初中国的第一轮医院私有化改革总体上并不成功，它未能实现改善医疗质量及服务水平的初衷，原因是缺乏强有力的政策和有效激励机制的支持。例如，知名医生不愿意在民营或外资私立医院执业；此外，当时政府政策规定外资持股比例不得超过70%。在人才缺乏、投资限制及政府审批手续繁琐等种种因素制约下，希望在华建立合资医院的外商投资者举步维艰。

2009年，中国政府就深化医疗改革提出了五项重点改革目标，并承诺未来三年内斥资1250亿美元给予支持。虽然新医改为私立医院的发展带来了希望，但前进步伐依然相当缓慢，私立医院的定位及激励机制也不够明晰。事实上，2009年以来医疗改革的重点仍在公立医院上，对私立医院支持力度有限。新医改尚未对私立医院的发展起到切实的推动作用，所以私立医院在减轻公立医院压力，促进建立均衡、健康、可持续发展的医疗体系等方面，尚没有明显进展。下面举例阐述：

（1）医疗保障制度。虽然医保深度仍有待提高，三大公共医疗保险覆盖的广度已达总人口的95%[1]。然而即便在某些政策允许地区，大部分私立医院出于避免额外行政负担的考虑，仍不接受公共保险。

（2）公立医院改革。由于现行医院体系在就诊、成本、支付体系等方面存在的根本问题，私立医院很难有效分担公立医院的医疗压力。公立医院体系亟待改革。尽管在全国范围内已经开展了各种试点改革项目，涵盖医院管理、支付体系及医生激励机制等诸多方面，但目前成果还比较有限。

（3）其他改革措施。政府在新医改中还强调其他三大举措，包括建立国家基本药物制度、健全基层医疗卫生服务体系，以及促进基本公共卫生服务逐步均等化。而这三大措施对私立医院的发展没有明显的直接影响。

新医改带来发展契机

尽管政府提出五项改革重点并宣布投资计划已过三年，医疗卫生对投

---

[1] 根据政府官方统计数字，截至2011年底，公共医疗保险已覆盖总人口95%。实际值可能偏低，因为拥有多种医疗保险的人可能被重复统计。

资的需求仍然非常显著。中国目前的医疗开支仍只约占GDP总量的5%，在医疗费用中，国家负担28%，个人负担35%，雇主或单位负担37%。据卫生部部长陈竺表示，在“十二五”期间，国家的负担比例会逐步提高，到2015年实现国家33%，个人30%[2]的目标。然而，这些宏观指标并不能充分体现医疗开支给每个家庭带来的经济负担。如一次大病的住院治疗，其费用可能是平均家庭收入的数倍，如果是对慢性疾病或者重大疾病的治疗，家庭对医疗费用的负担将更加显著。

长期来讲，中国医疗体系面临的资金限制会导致病患对私立医院的需求日益增加。私立医院作为利用社会资本，发展医疗服务能力，并减轻公立医院负担的一支新生力量，必将发挥越来越大的作用。自2009年以来，国家公布了多项政策及试点项目，给私立医院未来的发展带来了曙光。

（1）*外商投资*。外国资本不再受70%持股比例的上限限制：2011年修订版《外资产业指导目录》将外商投资医疗机构从“限制类”调整为“允许类”，并于2012年1月30日起生效。

（2）*解决医生人才瓶颈问题*。一些省份（如广东、云南、四川、河南和海南）正在推进“多点执业”试点，允许医生同时服务包括私立医院在内的多个医疗机构。这些新政策旨在帮助私立医院吸引优秀的知名医生。对医生而言，公共医疗体系中的职称评定、科研平台的搭建等都非常重要，他们很难舍弃公立医院系统的职位，去私立医院就职。“多点执业”政策，不但能给医生带来执业灵活性，也为私立医院吸引优质医疗人才资源提供了可能。

（3）*税收减免*。一些税收优惠政策已经开始实施，例如自开业起三年内对私立医院免征营业税，并且免征其用于投资医疗设备的税前利润的企业所得税。

然而，目前还很难预测这些政策调整及试点项目的影响将有多大。开办私立医院所需要应对的层层审批流程，仍是私立医院运营者必须克服的巨大障碍。

在认识到以上挑战的同时，卫生部近期公布了一系列目标和措施，旨在提升私立医院透明度及促进私立医疗服务水平的提高，并作为“十二五期间深化医药卫生体制改革规划暨实施方案”的一部分，包括：

---

[2] 从体制观点来看，分摊比例指在中国的医疗开支。详见2012年3月9日发表的“China Hospitals Seen Defying Reforms”一文，网址：http://online.wsj.com/article/SB10001424052970203961204577267393585854830.html.

（1） 鼓励商业医疗保险发展，提高私立医院对公共医疗保险的接受度；

（2）将符合资质条件的私立医院及零售药房纳入医保定点范围；

（3）鼓励私立医院发展，目标是2015年私立医院床位数量及就诊量达到全国总量的20%左右（相对目前11%的水平是显著的提高）。

这些近期政策为推动私立医疗市场的发展提供了良好基础，今后还有很多工作要做，如鼓励公立医院与私立医院建立合作伙伴关系，并建立合理的医生激励机制，与私立医院的病患需求及支付能力相适应。

面临新医改所带来的发展机遇，医院投资者及经营者应积极应对，建立起有竞争力且可持续的商业模式。在这一过程中，要想成功捕捉发展机会，投资者和运营者必须深入理解医患双方对私立医院的需求与看法，并体现在私立医院的管理运营中。

理解患者及医生对私立医院的看法

关于患者及医生对私立医院的看法，投资者及经营者有很多普遍认同。但这些观点是否客观、正确和具有代表性，仍有必要进行检验，以确保投资者和经营者真正理解市场。为帮助私立医院系统在这轮改革中抓住机遇，麦肯锡组织了一次针对医生和患者的调研，针对中国八个城市的1000多位中高收入人士进行调研，其家庭可支配年收入超过8万元人民币（折合1.3万美元，接近中国家庭收入中位数）。同时，也对100多位公立医院执业医生进行了调研。

调研旨在为私立医院的投资者及经营者提供一些参考，帮助他们思考在进行医院整体定位或品牌推广时，哪些是最重要的特征和因素。我们将主要结果归纳为四组：患者整体体验的重要性；私立医院需要弥补的短板；消费者愿意额外付费的服务或项目；医生对私立医院态度以及对转诊业务的影响。

患者体验极其重要

患者择医时首要考虑因素是医院及医生的声誉。但是，我们的调研发现，患者对就医过程各个方面的综合体验（如病房质量、医疗人员服务态度、地理位置），与医疗声誉同等重要。其重要性甚至超过诊疗价格（见图1）。而这与医生眼中的患者选择医院的标准有所差异（见图2）。

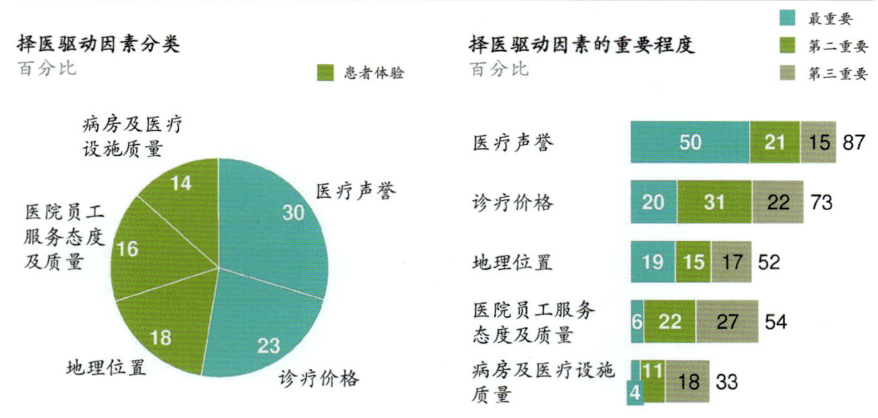

图1 患者体验与医疗声誉及诊疗价格同等重要

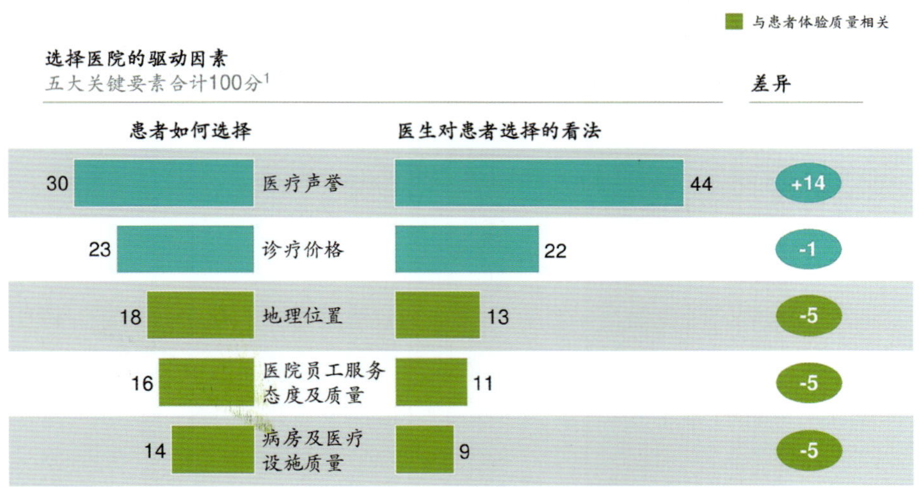

图2 对于医疗声誉在择医过程中的重要性，医生的看法和患者时间观点不同

公立医院在就诊等待时间及医护人员服务态度方面表现不尽如人意

调研发现，对公立医院的主要负面评价来自于服务态度不好以及就诊等待时间长。人们通常认为，在一些公立医院公认的弱项上，私立医院自然有

竞争优势。事实上，我们的调研显示，二者在这些层面上表现基本相当（见图3）。尽管患者对公立医院有很多负面印象，他们仍然因为医生临床水平更高而涌向公立医院。

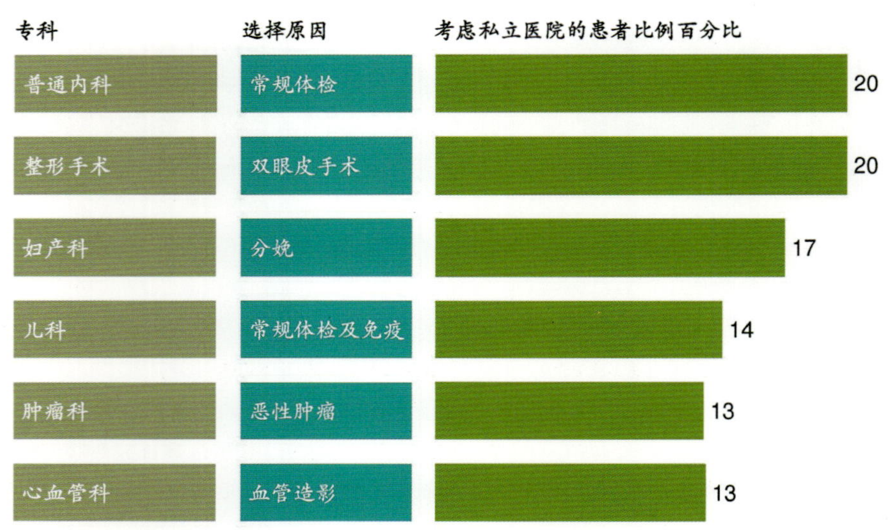

资料来源：2012年麦肯锡医患调研

图3　私立医院吸引中国富裕消费者的三大专科是普通内科、整形手术及妇产科

我们的调研同时也指出，私立医院有机会通过充分利用自身优势，吸引更多病人就诊。这些优势包括预约就诊、高医德及高质量标准，提高医疗安全保障及定价透明等。

病人愿意为某些特定医疗服务项目额外付费

面对患者对私立医院整体持负面评价的情况，经营者们很希望找到可以迅速改善绩效和提高声誉的捷径。中高收入阶层受访者表示，他们在非紧急和无生命危险情况下，如普通内科及整形手术，更倾向于到私立医院就诊。有2/3以上受访者愿意为某些治疗方案，药物和服务项目支付额外费用，尤其对知名专家或外国医生提供的治疗、进口药物、进口医疗设备以及尖端技术等（见图 4）。对于如心血管及肿瘤科等一些危重病专科，这一趋势更加明显。患者为高水平诊疗、药物及服务额外付费的意愿，为私立医院，特别是合资医院提供了一个发展机遇。与公立医院相比，私立（包括合资）医院在提供这些选择方面所面临的限制较少，选择面也较宽。

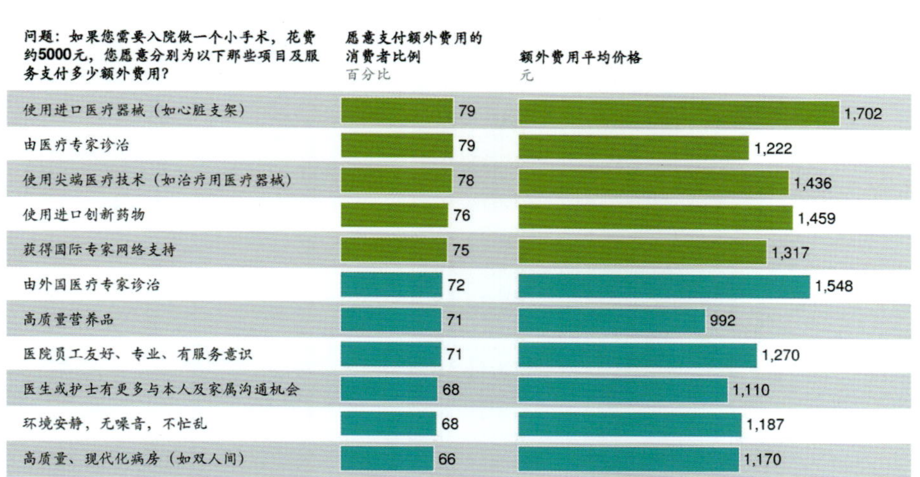

图4　中国富裕消费人群非常愿意为进口药品，进口医疗器械及医疗专家支付额外费用

医生认为私立医院服务质量较好，但缺乏先进治疗手段

除了向患者强调自身的优越性之外，私立医院还应该致力于改变医生的观念，因为高水平的医生是否愿意在此执业将是其关键成功因素。而公立医院医生的看法尤为重要，因为他们在将病人转诊至私立医院的过程中起决定作用。

医生对私立医院和公立医院的评价截然不同，这与患者的观点十分相像。医生认为，私立医院的医疗水平相对落后，但对患者的服务更胜一筹。超过2/3的受访医生认为患者能在公立医院得到高水平治疗，认为私立医院可以提供高水平治疗的仅有7%。与此同时，仅不到10%的医生表示患者能在公立医院享受优质服务，而相信私立医院可提供优质服务的超过60%。对医疗水平的看法进而影响医生的转诊决定：在公立医院任职的医生很少将病人转诊至私立医院。78%的受访医生表示从未向私立医院转诊，16%的医生曾转诊一两次，仅有6%的医生经常向私立医院转诊。

医生对私立医院的负面态度，部分原因是他们缺乏在私立医院的执业经验。可喜的是，他们并不反对去私立医院执业，至少认可兼职工作。70%的受访医生表示他们一定程度上可以接受在私立医院兼职工作（见图5）。这类兼职机会对改变医生所持的私立医院看法应该会起到极大的积极作用。

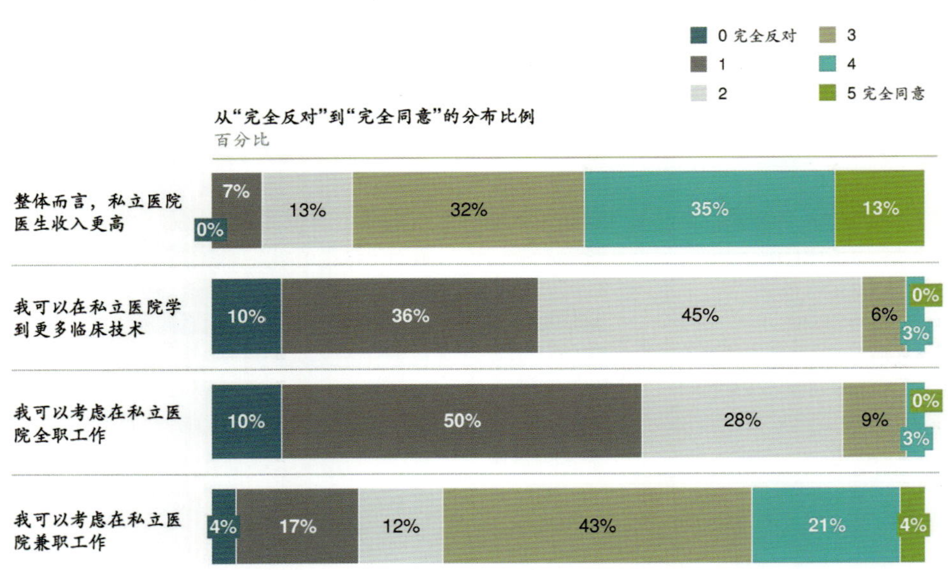

资料来源：2012年麦肯锡医患调研

图5 公立医院医生将私立医院作为个人职业发展的可能性

私立医院的关键成功因素

目前，很多省市已开始努力为私立医院创造良好的发展环境。持续深入的医疗改革以及现行医疗体系的声誉问题将为现有私立医院发展带来一系列错综复杂的机遇与挑战。综合考虑这些问题，我们相信在未来五年中，中国的私立医院市场仍是具有吸引力的投资领域，患者也会更多地考虑私立医疗服务。很多宏观发展因素，如中产阶级的崛起，政策对私立医院发展的支持和要求等，都进一步为私立医院创造了有利的发展环境。投资者和经营者应该不断努力，扭转患者及医生对私立医院的负面印象，以把握好这一发展良机。

为此，我们总结出了市场制胜的五大要素：

- 努力改进患者体验

私立医院当前的价值定位及竞争优势在于其提供以患者为中心的优质服务。今后，私立医院只有继续提供更优质的医疗服务，充分发扬其长处，才能从公立医院吸引患者就诊，并在与其他私立医院的竞争中胜出。

■ 积极提升医疗质量

改善临床诊疗质量及确保患者安全，包括建立起明确的指标及报告机制，对于任何私立医院的决策者都应该是重中之重。而这对于大多数医院而言意味着企业文化的变革，比如正视错误并从中吸取教训，以及增加医疗服务质量方面的透明度，包括向公众披露医疗事故及结果，取代以往就事论事的报告。提高声誉至关重要，这不仅依赖于聘请优秀的医学专家，同时也取决于改变医院的沟通战略及文化。

■ 确保吸引优秀的医疗人才

我们的调研清晰表明，在得到其所在公立医院批准和时间允许的前提下，医生愿意在报酬更高的私立医院兼职工作。如果能够聘请到在领域中最具影响力的医生，私立医院就可以大大提高其声誉，并可通过这些医生在公立医院积累的患者群获得更多的转诊机会。

■ 明确“做什么”和“在哪做”

患者在私立医院就诊时，会根据不同专科选择相应医院。此外，地域因素也应纳入考虑范畴，比如，某个城市对某一专科的医疗服务需求很多，但在另一城市，由于有很强的专科公立医院等原因，也许需求并不大。经验表明，私立医院必须明确每一特定城市里最具潜力的领域，从而找到在市场定位中的切入点，而不应该无视市场调研结果，采取一概而论的办法。

■ 提供高附加值的服务和产品

中高收入消费者对高端进口药物、进口医疗器械以及医疗技术等尤为看重，外商投资者以及合资医院应把这些高附加值服务和产品作为其价值定位的核心。

中国目前仍缺乏成功运营私立医院必需的很多技能，如兼具商业头脑的医生等。因此，为抓住当前机遇发展私立医院，有志投资者及经营者应以开放的态度与公立医院建立合作关系，作为获得并发展必需技能的途径。私立医院还应立足长远，强化医院的声誉建设，因为中国患者仍然以声誉作为选择医院的首要因素。在一个发展中市场，声誉取决于对无形资产的妥善管理，而这一切将基于诊疗质量，以及日渐富裕的消费者所要求的更高服务质量。Q

Claudia Süssmuth Dyckerhoff（苏慕佳）是麦肯锡上海分公司全球资深董事；
Alexander Ng（吴文达）是麦肯锡香港分公司全球副董事；
Florian Then（唐华）是麦肯锡上海分公司咨询顾问。

契机与挑战：驾驭社交科技　捕捉商业价值

陈有钢
张如琪
Michael Chui

社交科技可为四大行业创造高达1.3万亿美元的商业价值，并改善高技能知识型劳动者的生产效率约20到25个百分点，但社交技术在企业内部和跨企业的成功实施将取决于企业组织和文化的转型。

社交技术以前所未有的速度和规模被广泛应用

七年前，大部分消费者上网不外乎是收发电子邮件、网络搜索或者购物。没有什么人注册网络社区，社交网站只是大学生的天地，企业不会在乎自己的产品有多少粉丝，官网的作用也不过是信息宣传和基本的电子商务。

如今，全球超过15亿人成为社交网站的用户，网民们几乎把1/5的上网时间花在了社交网络。仅仅在中国，社交网站用户从2008年的1亿多人，增长到了2012年的3.6亿多人。在一、二、三线城市，已经有91%的网民活跃于社交网站。实际上，社交技术的应用速度比其他任何媒体技术都快。商业电视花了13年才走入5000万户家庭，互联网运营商用了3年获得5000万名注册用户，而“脸谱”（Facebook）只用了1年就飙升到5000万名用户，Twitter只花了短短9个月的时间。此外，社交技术正在取代其他网络应用，过去几年中电子邮件和即时信息的使用急剧减少（见图1）。

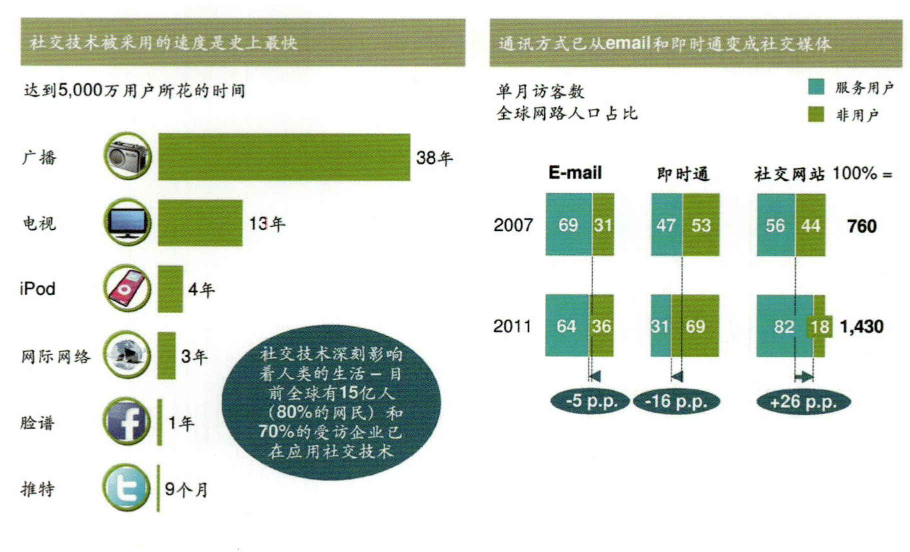

图1 社交技术在全球各地被应用的速度之快、效果之显著堪称史无前例

社交技术在全球席卷流行文化。人们越来越依赖网络联系，最常见的是信赖那些从未谋面的网友给出的各种建议，从推荐看什么电影到怎么节食、减肥。在社交平台上，人们利用闲暇时间创建内容、进行协作，而非单纯的消费，所以社交平台有挖掘社会上大量"认知盈余"的无穷潜力。

社交技术的几点特质有利于价值创造

社交技术有几个特质使其具有独特的力量，这也是它之所以蓬勃发展和深具影响力的原因。

- "社交"是一个功能，而非产品。社交功能可被用于几乎任何涉及人与人交往的技术（如，网络、电话或电视）。社交元件——表示"喜欢"或评论的按钮，可以被添加到任何IT支持的互动中，应用范围几乎没有什么限制。
- 社交技术使得社交活动在网络进行，并为这些互动赋予了互联网的规模、速度和全新的经济性。人们能够通过社交技术跨时区跨地域彼此联系，从而接触更多的人（相较于实体世界）。
- 社交技术为内容创建、发布和消费提供平台。同时，它们还可支持新形式的内容创建，包括共同创建以及将个人和群组沟通转化为内容（如，一条博客可以是交流即时信息的途径，也可以自成一条内容以供将来使用）。内容的发布不是由一小部分编辑或制作人决定，任何社交技术用户都可以创建、发布、评论或添加内容。如此一来，社交平台可以将互联网“反中介”的力量延伸到大众中去。例如，网上群组可以选择通过下载歌曲或观看YouTube视频而非依靠经纪人或唱片制作人等中介来发掘新的音乐艺术家。这些技术不仅改变了内容创建和发布的经济性，也改变了内容本身的性质，也就是说，内容可以根据讨论不断演变，而非一个成型的产品。

- 社交技术可以捕捉人与人之间互动的结构与性质。一份“社交图谱”提供了个人或群组的人脉关系图，结合其他数据，如这些人所讨论的话题，就可以对个人或群组做出基本推断。“社交图谱”能够帮助我们了解群组中哪些成员贡献最多或最具影响力等相关重要信息。

- 社交技术有利于独特洞见的形成。市场营销和产品开发人员可以通过社交技术与成千上万名消费者建立直接联系，并监测自发的、未经过滤的内容，从而获得对消费者偏好和趋势更真实、更及时的洞见。社交技术还能够加大透明度——使更多产品和市场信息公之于众，传播关于组织和机构的信息。

同时，企业也开始改变行为方式。短短几年，社交技术从一个简单的“新媒体”平台演变为功能广泛的重要商业工具。除了通过社交媒体与顾客直接互动，各大公司也在监测消费者在社交媒体上的言行，这些都是第一手的反馈和消费者行为数据。企业发现，与传统模式相比，社交科技能够帮助自己洞察更多、更深层的消费行为，并且沟通成本更低、效率更高。（例如，“喜欢”这部电影的人是否也“喜欢”那个品牌的伏特加酒?）公司也在“征集”社交媒体用户以“众包”的方式为其产品提供创意，甚至合力创建新的功能。社交平台也已经成为一个采购和物流管理平台， B2B供应链上各方可以在此实时沟通。

社交技术在不同行业中创造价值的方法

我们确定了企业通过社交技术创造价值的10种方法，它们可归纳为价值链上的四大板块：产品开发、运营分配、营销销售以及客户服务（见图2）。除此之外，有两种方法适用于所有企业，它们通过提高组织生产效率来创造价值。

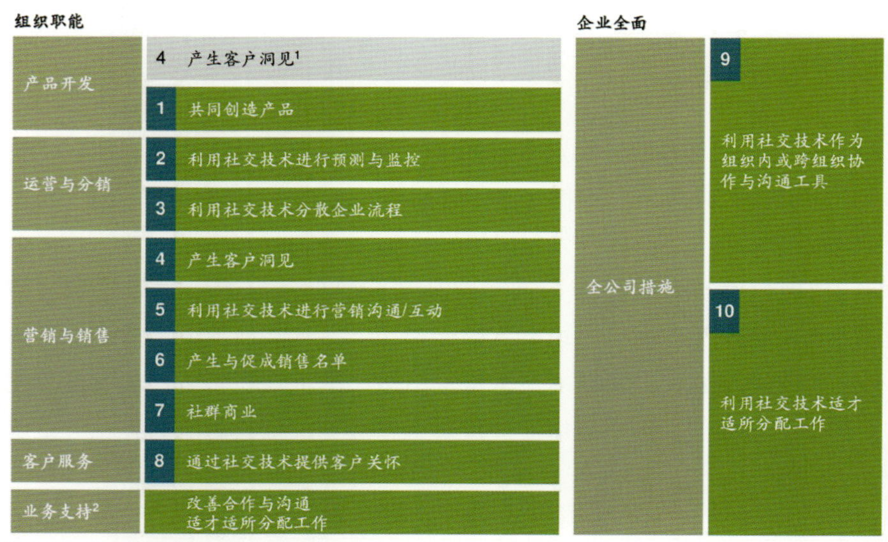

图2 社交技术可应用在整个价值链和跨企业之间

我们详细分析了四大行业，包括快消品、消费金融服务、专业服务和先进制造业。在这些行业中，社交科技创造了巨大的价值，其中约3450亿美元的潜在价值来自产品开发和运营；5000亿美元来自营销、销售和客户服务活动；2300亿美元来自业务支持活动的改善。其中沟通、协调和协作改善所创造的价值占商业机构使用社交技术所创造的潜在价值的2/3，这也是社交技术最巨大的潜力。通过梳理沟通协作，扫除职能部门之间的障碍，甚至重新划定企业间的界限，为“网络企业”引入额外的知识和专长（见图3）。凡此种种，能够使高技能知识型劳动者（这类人才越来越紧缺）的生产效率大幅提高20到25个百分点。

个别公司可能获益更多。一般来说，获益最多的公司一般具有以下一个或多个特点：

- 以知识型工作者为主

- 高度依赖品牌知名度和消费者认知

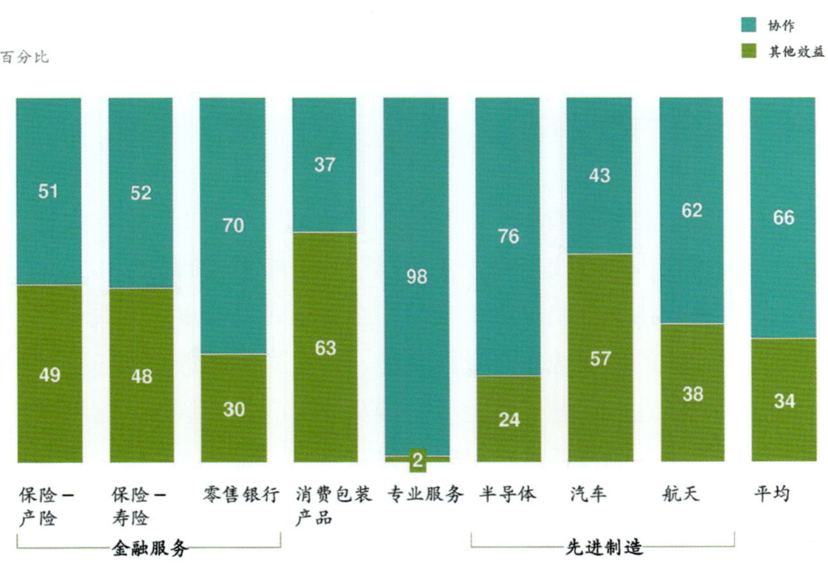

资料来源：麦肯锡全球研究院分析

图3 平均2/3的潜在效益来自于协作

- 需要维持强大的信誉以建立可信度和消费者信心

- 以数字方式分销产品或服务

- 体验式（如酒店）或鼓舞式（如流行运动饮品）的产品或服务

由于快消品公司有很多知识型工作者，且高度依赖品牌知名度，我们预计这样的公司在价值链的每个环节都可以用到社交技术。

在9000亿到1.3万亿美元的潜在价值中，相当一部分是由消费者以物优价廉的产品、更符合客户需求的产品服务、更好的客户服务的形式获得的。个人是社交技术首要的受益对象。个人若不能从中获得价值，社交技术就不能被应用，其他形式的价值也就不会被创造出来。人们通过使用社交技术保持人脉关系、搜集信息、创建社群，并从中获得了极大的个人满足感。各项研究都预计这种消费者剩余的经济价值非常可观。据麦肯锡和互联网广告署欧洲区（IAB Europe)估计，2010年美国和欧洲宽带服务带来的消费者剩余价值约为每户年均50美元，这些消费者剩余价值总和在2015年会增至2530亿美元。该报告预计社交技术贡献了约30%的消费者价值，在2010年相当于为400亿美元，到2015年约为760亿美元。企业运用社交技术所释放的价值最终会让消费者受益，或者是激烈的市场竞争挤掉了商家的部分利润，又或者是社交技术提供的洞见使得消费者可以买到更符合其需求的产品。当更好的产品提高总需求量时，个人和企业都能够获取价值。

捕捉社交技术的价值

使用社交技术也存在着风险。其中之一就是技术滥用，比如大量的上班时间用于在内外社交网络上“闲聊”与工作无关的话题，或者利用社交媒体来攻击其他员工或管理层。企业正在采取多种方式——从禁止与工作无关的聊天或审查批评意见，到欢迎批评意见并与批评者公开谈话来解决这个问题。其他风险涉及侵犯消费者隐私，这可能会限制公司发展最具启发性的消费者洞见的能力。同样地，信息安全也非常重要，但是公司保持数据安全的需求可能会限制社交技术应用的方式。

在麦肯锡对全球4200家企业高管的调研中，70%表示会以某种方式使用社交技术，90%的企业已经看到了一定程度的商业收益。然而，社交技术在企业内部和跨企业的价值创造潜力还远未被挖掘。现在，只有3%的企业全面联网，也就是说，由于内部联网以及外部联网（与客户及外部协作伙伴）应用的社交技术，这些企业获得了可观的好处。

社交技术未来能够创造多少价值取决于多重因素。社交技术在企业内部和跨企业的成功实施和使用将取决于企业组织和文化的转型，因为只有这样社交技术的协作潜力才能被充分利用。要成功地使用社交技术联系更广泛的社群，企业需要有能力创建互相信赖、有足够人群参与、积极的社群文化与常规。社交技术不只是另一个IT变革的实施，也不仅仅是一个改善沟通与协作的工具。从消费者的角度来说，社交技术在用户中释放创新的力量，促成新的关系和群组动态。 消费者社交技术中一些最有用的创新——用于将推特归类的标签以及标准的维基文章形式都是由用户创建的。若企业文化鼓励的话，用户创新也能够推动企业内部和企业间社交技术应用的演进。

社交技术的真正力量才刚刚开始被了解。这个力量源自人类与生俱来的社交吸引力，源自人们从分享自己所知、发表看法和学习他人所知所思中获得的愉悦与智力刺激。正如我们从社交技术的早先应用中看到的那样，当这些互动的方式被用于商业、专业活动时（如，开发销售产品、合力解决一个商业问题），最终创造的价值令人叹为观止。将此结果放大到行业和经济层面，其价值之大难以预料。现在，这些数字告诉我们，在未来几年中，如果企业减少组织壁垒和文化，降低风险，可能的价值创造清晰可见。

陈有钢是麦肯锡上海分公司全球董事、麦肯锡全球研究院中国院长；
张如琪（Elsie Chang)是麦肯锡台北分公司副董事、麦肯锡全球研究院资深研究员；
Michael Chui是麦肯锡旧金山分公司全球董事、麦肯锡全球研究院资深研究员。

2012中国私人银行调研：逐鹿高净值人士市场

林国沣
徐源宏
周宁人

编者按：

作为亚洲经济增长最快的市场之一，中国的高净值人群正快速崛起，他们对财富的保值、增值需求也越来越强烈。正是看好这一潜力巨大的市场，各家私人银行无不竭尽全力争夺高端客户。与此同时，高净值客群也在走向成熟，逐渐适应从高端零售客户向私人银行客户的角色转变。想成为市场赢家，私人银行必须深入、细致、精确地理解客户的需求，从而提供个性化、定制化、专业化的真正的私人银行服务。为此，我们开展了2012中国私人银行调研，其重点是研究高净值人士的细分群体，包括各细分群体的人口特征、财务特征、银行往来关系、选择私人银行的关键购买因素，以及基于这些关键购买因素的产品、服务及渠道等解决方案。

概要与发现

机遇不限于一线城市。众所周知，中国的财富增长速度属区域内最快，但财富并不局限于中国一线城市。

一线城市约占中国高净值财富的20%，二线城市所占份额已超过30%，而且二线以下城市的份额正不断成长。

长江三角洲地区（如无锡、南京、杭州等城市）和珠江三角洲地区（如东莞、广州、佛山等城市）贡献了中国约七成的高净值人士财富。

尽管境外投资日益盛行，但境外投资仅占所有高净值人士总资产的一成左右——也就是说所有的主要投资仍是在中国境内进行。

市场仍然对竞争开放。尽管我们看到中国许多私人银行和财富管理的业务蒸蒸日上，但客户关系尚未巩固深化，新进入者仍有许多机会。

当前约有四成私人银行客户不满意目前的服务。

就算是主要往来银行，大概有五成的高净值人士投入的可投资资产不超过20%。

中国约有45%的高净值人士对于私人银行缺乏足够的了解。

产品很重要，但不是唯一考虑因素。尽管一直以来私人银行关注于提供全方位的产品组合，但这不应该是唯一的考虑因素。

除了基本产品，中国的高净值人士更期待看到产品创新（例如借贷/结构性融资、更有针对性的风险/回报类型），而不是又一个共同基金。

高净值人士在乎的也不只是产品——投资咨询是其一大考虑关键，重点是客户经理如何把产品量身定制成为合理的投资建议。

企业主是规模最大也是最富有的一个客群，但他们对服务的需求差异非常之大。通过调研，我们发现：

企业主代表了中国40%的高净值人士，而且是总管理资产3000万元人民币以上人群中最多的一个细分客群。

此细分客群的需求各异，有寻求积极投资建议的专业投资者，也有企业主导型客户；后者要求兼顾便利性和渠道，并结合商业银行和私人银行的价值主张。

高净值人群的崛起及商机

根据我们的预测，亚洲（包含日本）将成为全球第二大财富管理市场，仅次于北美。亚洲（不含日本）的私人银行市场资产规模将从2010年的5～6万亿美元增长到2015年的11万亿美元。其年均复合增长率高达16%——堪称全球增长速度最快的一个地区。

中国是全球私人银行业务发展最蓬勃的地区之一，也是亚洲（不含日本）最重要的高净值（HNW）市场（定义为个人可投资资产超过100万美元），到2015年亚洲区域增长超过50%由中国[1]贡献。

得益于中国经济的持续较快增长，中国高净值人士群体基础在未来数年还将进一步扩大。据估计，未来三年的高净值人士和超高净值人士[2]群体

---

[1] 本报告的研究范围集中在中国大陆地区，未包含香港、澳门和台湾三地市场。

[2] 定义为可投资金融资产在100万美元即650万元人民币或以上的人士，下同。

的复合年增长率将达到20%左右。到2015年，高净值人士人数将达到近200万，超高净值人士人数将达到近13万，是2012年的近2倍(见图1)。

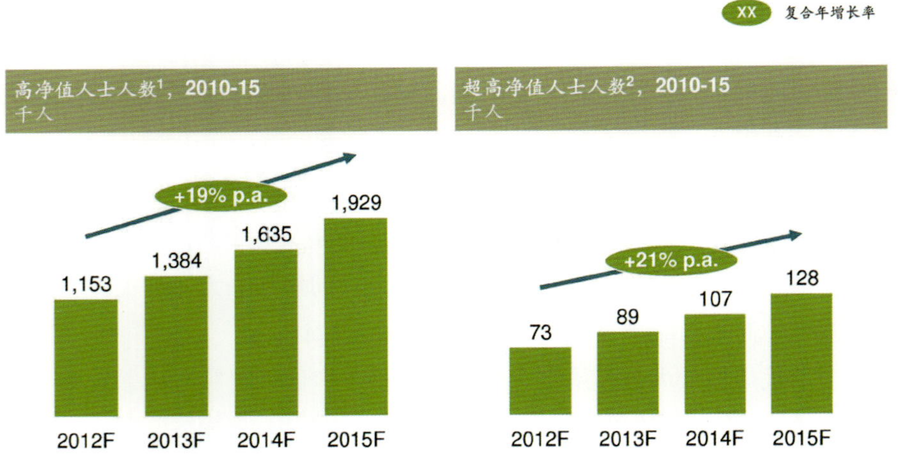

1 高净值人士定义为一百万美金以上个人可投资资产
2 超高净值人士定义为一亿美金以上个人可投资资产
资料来源：麦肯锡全球财富数据库

图1　到2015年，中国高净值人士和超高净值人士复合年增长率接近20%

从中国高净值人士的地区分布看，珠江三角洲、长江三角洲和环渤海地区占比较高，分别为40%、31%和11%。这三个地区集中了中国高净值人士80%以上的市场。另外，一、二线城市的私人财富较为集中，私人银行业务总收入约占全国份额的一半以上。

2012年中国高净值人士调研涵盖了中国29个主要城市，通过随机抽样的方式，抽取了超过700位高净值人士，进行了面对面的调研和访谈。在超过600位中国高净值人士的受访者中，男性比例占到了65%，女性比例占35%，男女比例约为2:1。这部分女性除了传统意义上的全职太太之外，有相当大一部分从事企业经营、专业人士和公司主管的工作。在访谈中，她们也对个人理财和私人银行表现出很大的兴趣。

在年龄分布上，以40~60岁的年龄段为主，其中，40~50岁的中年人士占所有受访者人数的44%。与发达国家相比，中国的富豪相对年轻，大多属于“富一代”，这与中国的经济发展进程较短有关(见图2)。

在600多位被访者中，企业主和公司主管占据了主要的部分，分别为40%和33%。从受访者的教育程度上来看，有一半左右的受访者拥有本科或以上学历，其中，硕士研究生或以上学历占所有受访者的13%(见图3)。

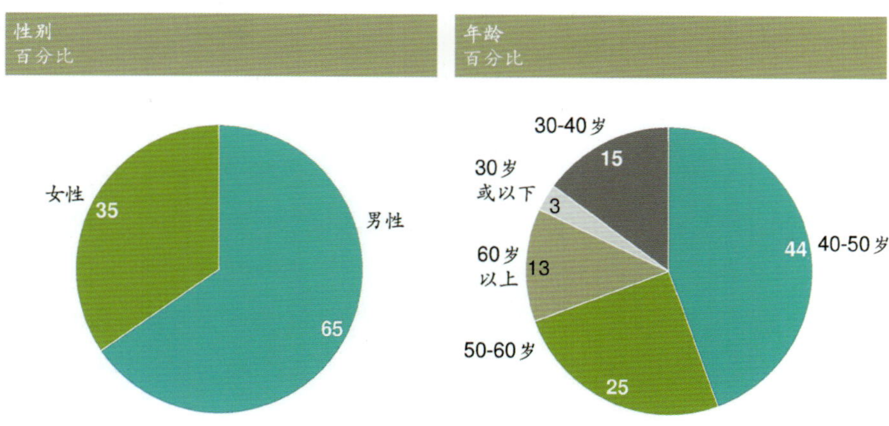

资料来源：2012年中国大陆高净值人士调研

图2　中国高净值人士的人口统计特征（一）

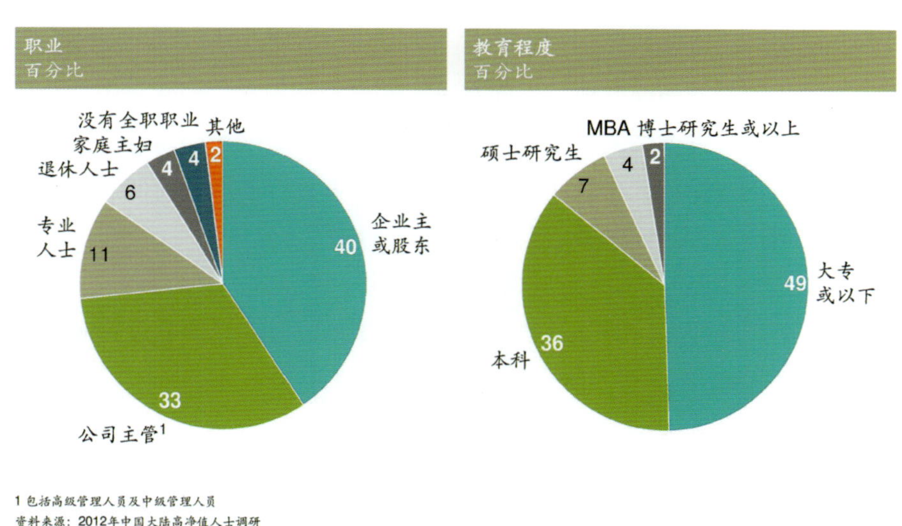

1 包括高级管理人员及中级管理人员
资料来源：2012年中国大陆高净值人士调研

图3　中国高净值人士的人口统计特征（二）

在高净值人士中，以刚刚跨进高净值门槛、即650万元人民币至3000万元人民币的群体为主，占所有受访者总人数的84%。可以说中国的富豪财富等级，还是相对偏低，这可能与中国的财富积累时间较短有关。

总体而言，中国高净值人士的理财目标以财富增值和财富保值为主，其资产配置以不动产和基础类金融产品为主，分别占比31%和26%，有62%的高净值人士希望增加创新产品例如信托、PE、撮合业务等的投资比重，57%的人士希望增加海外投资比重。

市场仍有庞大机遇

访谈中我们了解到，41%的高净值人士非常了解私人银行服务，仍有45%的人士表示一般或不了解。尽管所有受访者都达到了“私人银行”入门门槛，也有大量受访者（约40%）尚未使用私人银行服务。尤其在可投资资产650万元人民币至1500万元人民币的“入门级”高净值人士中，这一比例高达52%。同时，随着财富水平的提高，高净值人士倾向于选择多家私人银行进行投资理财。其主要的原因包括获得更加广泛的产品选择、私密性以及分散风险。

国内私人银行目前基本能满足客户需求，但还存在很大提升空间。有超过一半的受访者对目前的主要往来银行感到十分满意；也有38%的受访者表示满意度一般，或不满意。我们发现，高净值人士对主要往来银行的满意度与他们愿意在这家银行存放的资产比例密切相关。高净值人士普遍表示，如果他们的主要往来银行能够完美地满足个人理财需求，就愿意将更多的资产配置到这家银行。

我们通过大量的访谈发现，中国高净值人士的关键购买因素集中在金融产品种类、投资咨询、渠道及便利性、非金融服务、金融产品定价等五个方面。其中44%的高净值人士认为金融产品种类是其选择私人银行的首要购买因素，23%的人士认为首要购买因素是投资咨询。

- 金融产品种类，即金融产品的广度、深度以及基于产品深度和广度的定制化；

- 投资咨询，即清楚了解客户的风险承担能力与投资偏好；根据客户需求制定多元化投资策略；为客户提供及时和丰富的投资/研究报告；提供专业完整的咨询团队服务；

- 渠道及便利性，即通过私人银行落地网点提供尊贵体验和专属服务，如网点的贵宾理财通道，私人顾问，私人会所等；便利的远程渠道，如网络银行、24小时电话银行以及其他创新渠道及新媒体的运用等；一站式服务，通过所有网点和渠道提供及时和周到的信息与服务，并准确地根据客户需求进行反馈；

- 非金融服务，包括提供法律、税务及行业咨询等专业非金融服务；提供贵宾级的各项专属服务；通过特色活动打造无与伦比的体验等；

- 金融产品定价，包括优惠的存贷利率以及手续费减免等。

需求各异的细分客群

本次中国高净值人士调研，采用了以客户需求为基础的分群模型。同一细分群体下的人群在需求上有着很强的共性，而不同细分群体下的人群需求也有着很大的不同。

我们的研究重点包括各细分群体的人口特征、财务特征、银行往来关系、选择私人银行的关键购买因素，以及基于这些关键购买因素的产品、服务及渠道等解决方案。

考虑到企业主作为中国高净值人士的第一大群体，占据了本次随机抽样受访者样本的40%左右；且企业主与其他高净值人士相比，其企业经营特点使其具有独特的个人理财需求和态度，我们将企业主与非企业主分开研究。

经过调研，我们发现中国高净值人士大致可以分为六个群体(见图4)：

非企业主人士

- 传统保值型：人数占比约25%~30%。他们有大量时间投入理财，追求各类金融产品，较易受到市场趋势和旁人意见影响，风险承受能力较低。典型代表：富太太、退休人士、一定数量的企业高管。

- 专业创新型：人数占比约15%~20%。这类人士有丰富的金融理财知识和独到的见解，对投资咨询有很高的要求，风险承受能力较高。典型代表：咨询顾问、律师等。

- 时尚金领：人数占比约10%~15%。这类人士有一定的理财经验，但通常缺少大量时间进行独立理财规划，所以更加重视渠道和便利性。典型代表：世界500强企业的中高层主管。

企业主人士

- 业余投资爱好者：人数占比约20%。这类企业主的企业发展到一定规模，企业主拥有大量资产，但普遍缺乏理财知识，追求高收益的产品。典型代表：中小型服装进出口企业主。

- 精明生意人：人数占比约10%~15%。这些通常是精通投资的企业主，通常有多年的企业外资本运作经验，对银行的依赖很低。典型代表：东南某省份某商会会长。

六大细分群体

非企业主人群

企业主人群

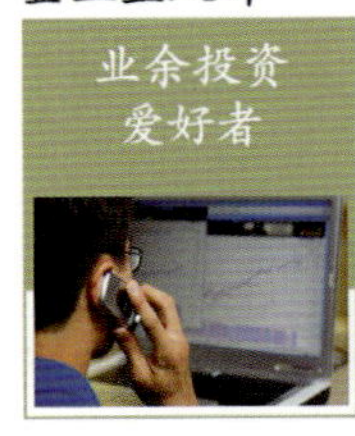

资料来源：2012年中国大陆高净值人士调研

图4　中国大陆高净值人士可以分为六个群体

- 企业主导型：人数占比约10%。这些企业主个人与企业联系紧密，企业对个人理财的行为影响较大，风险承受能力较低。典型代表：江浙某小型电子加工企业。

我们从风险偏好、对金融产品的偏好、对咨询服务的偏好、对便利性的偏好，以及企业主对公司理财的偏好等多个方面入手，了解高净值人士的态度取向。

- 风险的偏好：传统保值型和企业主导型人士相对保守，而专业创新型和时尚金领人士相对比较进取。

- 金融产品的偏好：相对于其他群体，传统保值型和业余投资爱好者更倚重金融产品的定制和丰富性。

- 投资咨询的偏好：专业创新型和精明生意人对于投资咨询有更高的要求。

- 便利性的偏好：时尚金领和企业主导型人士更为偏重便利性。

- 公司理财的偏好：企业主导型希望能够获取“一站式”服务，并且愿意在一家企业主导型银行配置大多数的资产；与此相反，精明生意人出于私密性等考虑，不愿意在一家银行配置大多数资产，并且不愿意使用同一家银行尤其是同一位客户经理操作公司和个人的业务。

在其他的态度取向上，各细分群体的态度基本相近。

未来中国私人银行的价值主张

面对高净值人士市场的庞大规模及发展潜力，众多金融机构已经纷纷进入私人银行领域，把握为高净值人士服务的机会。目前市场上的参与者主要有以下四类：

- 本土银行的私人银行：主要利用在零售和中小企业网络中与高净值人士建立的现有关系，而不是开发专业的私人银行业务；最了解本地市场，并且可以提供最丰富的人民币业务。

- 外资银行的私人银行：在欧美国家已有丰富的私人银行业务经验，带来其成熟的私人银行业务模式；其私人银行业务通常在资产配置领域经验丰富；在离岸银行业务和客户咨询服务领域有竞争优势。

- 证券公司：采用开放式架构，提供多种第三方产品；专注于帮助客户从广泛的产品中做出选择，可以提供专业的组合产品服务。

- 信托公司：借助充足的产品为高净值客户服务；区分产品性能是信托公司能否成功的关键因素。

虽然中资银行享有客户基础的优势，但目前的产品和服务供应大多趋于同质，独特的定位尚未成型。例如从产品来看，各大银行提供的类型、期限、收益区间都大同小异，甚至跟零售的产品差别也不大。大多银行还是主要提供基础产品和传统增值服务，对于私人银行专属的创新性产品，还停留在初步开发的阶段。量身定制的产品也不多。在投资咨询服务领域，更是接近空白。另外，在客户群体定位方面，各家国内私人银行也没有很明确的定位和价值主张。而在服务理念上，各家国内私人银行也更多是“一刀切”式，未能区分细分客户群体的差异化需求从而提供相应的解决方案。

纵观全球成熟市场私人银行发展模式，大致分为以下三种类型：

- 基于投资咨询服务模式：强调“客户关系”，以最高级别的保密制度、最高标准的专业服务提供独立、客观的财富管理投资建议，并提供超出财富管理需求之外的一系列高级服务，如税收、地产、信托、慈善等咨询服务。

- 基于产品驱动模式：针对各类客群提供最广泛的产品种类和市场选择，并依客户需求提供广泛的定制化服务；通过一体化的解决方案，同时满足企业和个人客户的需求等。

- 基于网络和获取能力模式：通过全球化的网络体系支撑便捷交易的能力，提供高度一致的客户体验等。

这三类模式都有成功的典范和值得学习的经验，然而值得注意的是，无论哪种模式，均是在综合考虑目标客户群体需求和自身满足客户需求能力的基础上做出的选择。

从目前市场调研反映的客户需求情况及国内银行的发展水平来看，未来中国私人银行的价值主张，首先需要从产品的广度和深度上满足客户的最主要需求；其次逐步提升顾问咨询服务能力，满足客户日益提升的对专业意见和长期关系的需求；在非金融服务方面，强调细节上的差异化和因人而异的解决方案；同时通过专属和远程渠道提高客户服务水平；费率则在为客户创造价值的基础上适当提升。

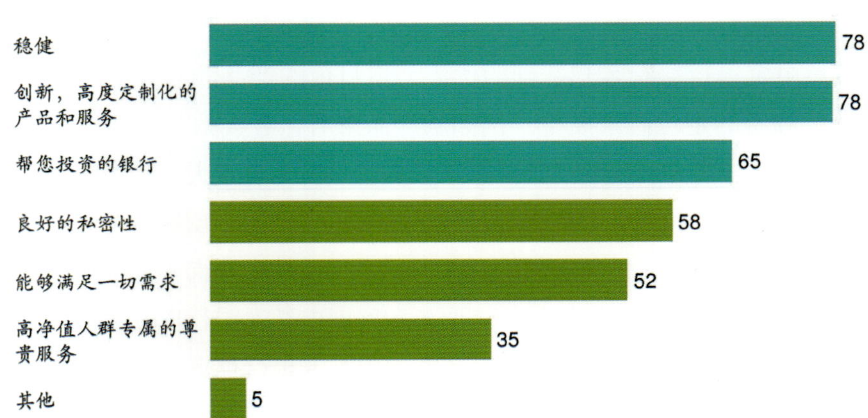

图5 高净值人群心目中私人银行的品牌形象

在调研的最后，我们请所有参与调研的高净值人士描述一下未来他们心目中成功私人银行的品牌形象。“稳健”、“创新和定制”、以及“帮您投资的银行”是高净值人士心目中的前三大要素(见图5)。我们认为国内私人银行业务应针对客户需求，以产品的广度、深度为业务起点，逐步提升投资咨询服务能力，打造“稳健”、“创新和定制”等差异化私人银行品牌形象。Q

林国沣（Kenny Lam）是麦肯锡香港分公司全球董事；
徐源宏（Jared Shu）是香港分公司全球副董事；
周宁人（Nicole Zhou）是北京分公司咨询顾问。

作者们谨向费虎臣、刘可（Alick Liu）和刘宗韪（Stephanie Liu）对本文所作的贡献表示感谢。

McKinsey Quarterly

精选

我们为您精心挑选了两篇文章。英国前首相托尼·布莱尔为我们就政府治理撰写署名文章，托尼·布莱尔总结了其在任期间的五大经验和教训，提出要大胆思考、严密分析，勇于从他人的成功或失败中汲取教训。第二篇则对“十八大”之后中国经济的下一站这一重大课题进行了深入细致的剖析，作者们相信，中共十八大报告用一系列表述勾勒了中国经济的未来方向。这预示着中国经济发展模式将出现重大变化，即未来中国将走出一条中速增长、可持续性增强的发展道路。

托尼·布莱尔谈政府转型

Tony Blair

本文作者托尼·布莱尔为英国前首相。布莱尔回顾了在任期间的五大经验和教训，提出要大胆思考、严密分析，勇于从他人的成功或失败中汲取教训。

作为首相，有一点很遗憾：当你刚上台时，民意最高，你能发挥的作用却最低；当你任期快结束时，民意最低，你能发挥的作用却最高。也就是说，你在工作中需要不断学习：学会如何让政府良好运转，学会如何实现意义重大的全局性变革。在本文中，我总结了领导政府转型方面的五大经验教训。

首先，政府治理非常关键。无论是发达国家还是发展中国家，都应以改善政府治理为政治讨论的核心。有些人认为，关键是要提高治理的透明度，以及明确责任归属。当然这两点很重要，但我认为最关键的是如何提高政府有效性。以我为例，无论是在非洲慈善工作中为卢旺达、塞拉利昂、几内亚和利比里亚总统提供支持，还是作为四方代表参与巴勒斯坦民族权力组织谈判，最关键的一点就是政府必须有足够的资源把事情落实、做好。

“重在执行”也对当今政治的性质和政治领导人带来根本性的影响。尽管各党派间存在分歧，但是21世纪的政治越来越“去意识形态化”。多数国家面对的问题是类似的：发展经济，为民众创造机遇；提供优质的医疗教育服务；保障国家和人民的安全。很多问题已有最佳解决方案，所以政治领导人的最大挑战不是要击倒对手的立场，而是建立起真正能够执行且交付施政成果的政府体系。

第二，必须以全局性变革为目标。当今世界的变化速度令人难以置信：中国、印度、巴西等新兴大国的崛起；通讯、能源、医药领域的创新技术；

气候变化和金融危机等全球性挑战等。渐进式或零星式改革无法应对这样的变化，只有全局性的变革才能让政府与迅速变化的世界保持同步。

实现全局性变革，必须要“挑战固有假设”。我们很容易假设现有政府体系是正确的，继而要求“如何提高现有体系的效率”，实际上我们更应该“挑战这种假设”，“也许体系不一定非要这样”。英国一度面临移民数量不断增加的问题。政府需要控制好移民数量，但是只有当政府开始思考移民体系本身的问题（体系各个方面、体系的目标、信息收集、组织架构和领导方式等）后，才真正解决了移民问题。否则，即便现有体系能出现零星改善，也无法产生根本性变化。

由此引导出第三个经验教训：全局性变革和施政成果的交付必须以正确的概念分析为基础。大部分政治讨论都是在非学术的环境下开展的，但是最好的政策实际上来自于清晰、严格的学术方法。作为首相，我寻找的是问题概念分析、然后是问题解决方向以及最后具体政策三者之间的完整线索。这三者之间的顺序非常重要：具体的政策来自于正确的政策方向，政策方向来自于严密的概念分析。比如说，在我任期的最后阶段，英国遇到了社会排斥的重大问题。社会排斥今天依然是英国社会的重大挑战，同时也是造成近期英国骚乱的主要因素。我认为英国人对于“权利剥夺”的概念分析有误。今天的社会并不是一味地“水涨船高”，一部分群体是游离于所有主流分析之外的。我们只有从概念上把他们清楚地定义为有严重问题的个人和家庭（其性质不同于单纯的失业人群、贫困人群或是无家可归人群），才能真正找到解决该问题的答案。解决社会排斥是非常重要的政策领域，只有从概念上更好地理解，我们才能找到正确的政策方案。

第四点经验教训是人才的重要性。真正负责制定和实施政策的人员很重要。我们应该强化政府与私营部门的互动，因为政府需要的很多技都能在私营部门找到。我认为，如果优秀的公务员能在政府以外的部门工作几年然后再回来，他们的收获一定很大，而且也没有任何理由不做这种人才交换。我领导的非洲慈善项目就很重视帮助非洲政府吸引私营部门的优秀人才。许多非洲政府目前都在招商引资，发展自然资源贸易，他们在商业谈判中需要具有国际商业经验的人才。

最后一点是各个国家政府之间的互相学习。富裕国家也不见得洞悉一切问题的答案。很多政府方面的创新，无论是高科技的运用，服务交付方式，还是政府与私营部门之间的新型合作模式，都来自于新兴国家和发展中国家。例如：纽约正在测试墨西哥政府为贫穷家庭设计的现金转账系统PROGRESA，所以创新的流动可以是多个方向的。作为政治领导人，我们需要扩大视野，不仅向与我们类似的国家学习，更要向用新方法解决相同挑战的其他国家学习。

从全球层面上，我们可以通过互相学习发展得更好。为此，我一直鼓励全球各种研究中心和政府机构找出最佳政府创新实践并广为传播，我还通过“非洲治理倡议”支持非洲领导人监督国家的转型。

首相是我在政府中担任的第一个并且唯一的职务。没有任何培训可以帮你做好准备迎接这项挑战。但是我相信我们都可以从领导政府转型的一些经验教训中获益。我希望本文能够对未来的政府领导人有所帮助。希望他们一切都好。Q

托尼·布莱尔在1997年5月到2007年6月间担任大不列颠和北爱尔兰联合王国首相。他同时担任英国工党主席(1994~2007)和议会成员(1983~2007)。卸任后，布莱尔发起创建了多个慈善机构，包括非洲治理倡议。

中国经济下一站

Jonathan Woetzel
李秀军
程欣

"经济持续健康发展"、"转变经济发展方式取得重大进展"……中共十八大报告用一系列表述勾勒了中国经济的未来方向。我们认为，这预示着中国经济发展模式将出现重大变化，即未来中国将走出一条中速增长、可持续性增强的发展道路。

我们的调研显示[1]，伴随着中国经济转型和持续增长，GDP增速将慢于过去10年(见图1)。中国向更发达社会迈进的标志，是其劳动力队伍生产效率的提高以及政府效率的改进。这些趋势会导致工资水平以及家庭收入在国民收入占比的提高。这也是我们定期访问的专家和国际企业高管认为的中国最有希望出现的情景。

正如其他经历过投资主导增长阶段的新兴经济体那样，随着收入水平的提高，中国的消费也在起飞。我们预计中国政府将推出一揽子政策措施来落实劳动生产率和收入增加的趋势。企业可采用差异化的发展战略，捕捉新兴

[1] 本文的预测结合麦肯锡解读中国和全球经济学情报(GEI)的洞见。GEI对一批全球企业资深高管进行定期访问，了解他们对全球经济前景的看法，并请他们从一系列情景中选择最可能发生的一种情景。这一情景然后被用作麦肯锡解读中国研究服务线的预测基准，其中包括中国宏观经济数据模型。将这一数据模型预测结果与选择的情景共同使用产生了本文陈述的预测。

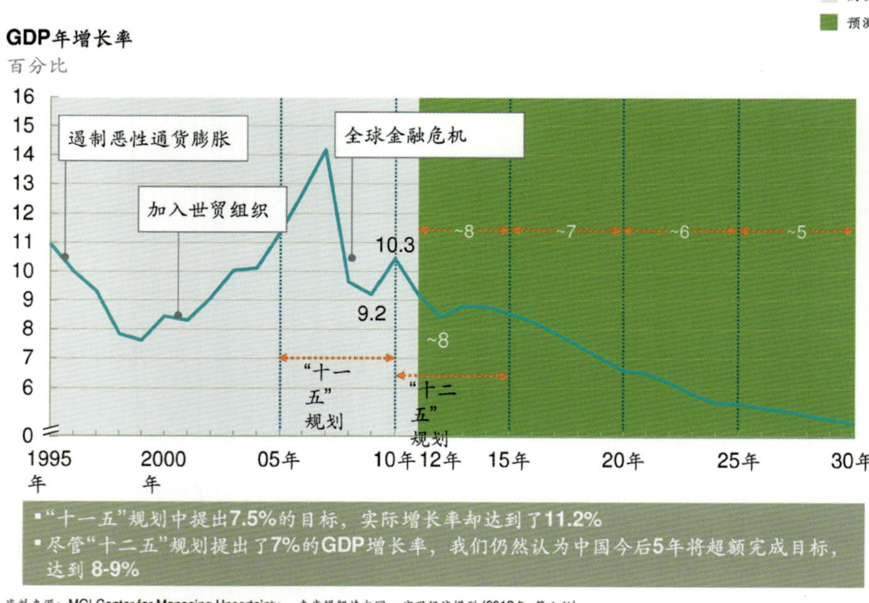

资料来源：MGI Center for Managing Uncertainty，麦肯锡解读中国－宏观经济模型（2012年，第六版）

图1 中国未来GDP增长会放缓，单增速可能超过政府公布的目标

城市的机遇；同时，加速资源在城市群内部的优化配置。虽然中国日益富裕的消费群体催生出巨大的市场潜力，但人口结构的变化将使中国未来的劳动力市场面临更为严峻的局面，薪酬和福利保障都是潜在的问题，企业需要全面深入了解中国的经济环境才能获得成功。

消费成为GDP增长最大贡献者

中国正在开启新的发展篇章，今后5年，消费对GDP增长的贡献将由过去长期下滑的趋势转变为增长并逐步加速。相反，投资占GDP的比重将从2008~2011年全球金融危机期间的顶峰持续下滑(见图2)。这与日本、韩国等亚洲其他国家经济发展经历类似。对外贸易对GDP的贡献率也将从2008年的顶峰下滑，尽管仍然是经济的重要动力，尤其在沿海省份。我们的预测显示，个人消费增长会持续加速，消费将在2020年以前成为GDP增长的最重要驱动因素。到2025年左右，个人消费将代替投资成为GDP的最大贡献者。

原动力：提高家庭收入

今后5年内中国的家庭收入占GDP的比重将开始回升。家庭收入增长的提速来自三大动力。

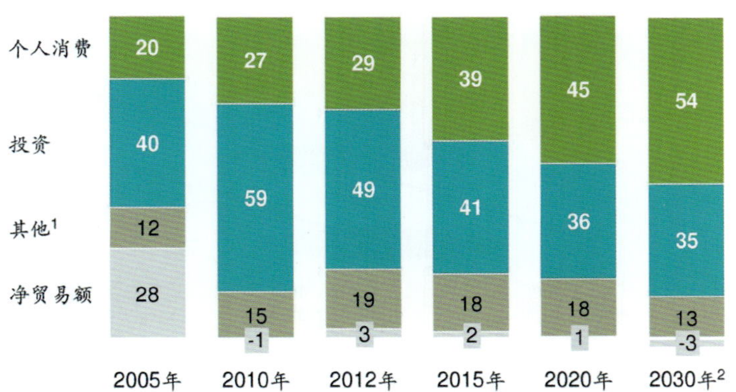

1 其他包括政府消费和库存
2 由于小数点进位，数据加总可能不等于100
资料来源：Global Insights，麦肯锡解读中国－宏观经济模型（2012年，第六版）

图2　从投资驱动型增长向消费驱动型增长模式转变

首先，政府政策和劳动力市场的结构性变化有可能提高工资水平，即在“十二五”期间，人均可支配收入的增长速度至少应保持与GDP同样的速度。主要措施包括提高最低工资标准和参考工资标准。

其次，金融市场改革有可能进一步刺激就业增长，从而产生新增收入。为银行业引入市场化激励机制可帮助民营企业更轻松地从中小银行、外资银行或非银行金融机构获得融资。引入更多的金融机构和出台更加市场化的监管法规，可令融资交易更加便利和高效。

其三，向民营企业开放更多的经济领域可鼓励劳动生产率的提高、降低成本和增加家庭收入。开放封闭和垄断的市场以扩大竞争，将有助于将收益中较大的一部分从企业，尤其是国有企业中转移出来，并随着价格的下降和劳动生产率的提高，将此项收益转移给居民家庭。

我们的预测显示，如果所有这些动力如期发挥作用，到2030年，中国家庭平均收入可能翻番。在2012~2030年期间，家庭收入增长将超过GDP增长：在GDP年增长率预测为6.5%的情境下，城市家庭收入年增长率将达到7.7%、全国平均家庭收入年增长率将达到6.9%（见图3）。

家庭收入增长推动着消费进入快车道。到2020年，中国城镇的家庭储蓄率预计将从占收入比例的42%分别下降至2020年的36%和2030年的29%，中国家庭将更愿意消费，而不是一味储蓄。我们预测，在2012~2030年期间，中国城市个人消费总量将每年增长9%，全国的个人消费总量将每年增长8%。据我们估计，城市平均家庭消费将增长近三倍，分别从2012年

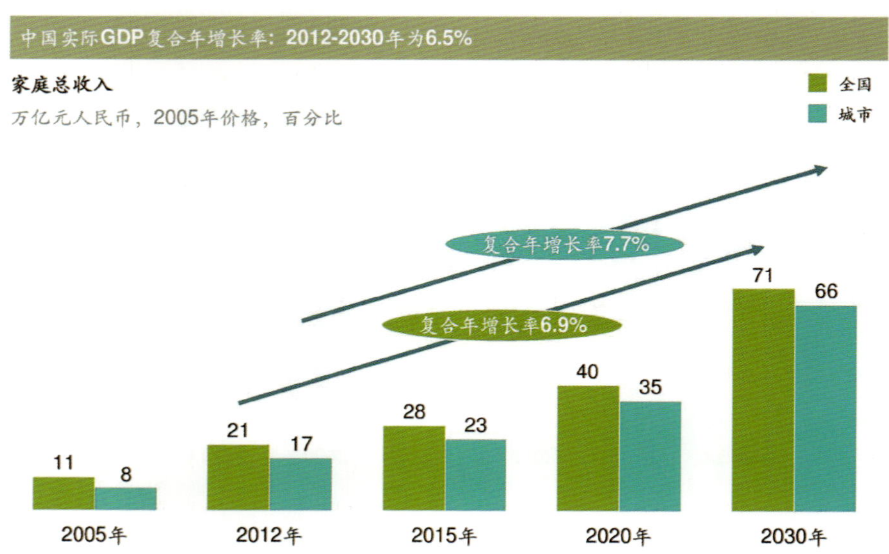

图3　到2030年，家庭收入复合年增长率将超过GDP增长率

的39000元人民币和全国平均30000元人民币增长到2030年的112000元人民币和全国平均92000元人民币（以2005年人民币计价）。

经济转型：大力发展服务业

正如消费将取代投资成为中国增长的驱动力，服务业发展也须与之相匹配，逐步扩大并超过工业的规模。随着社会收入水平的不断提高，服务业的发展不仅是经济发展的必然产物，也是中国政府为创造就业而必须考虑的一项政策。

中国发展模式迄今为止取得了巨大的经济成就，但过去20年的投资主导型模式也带来了一系列问题，包括就业增长放缓（最重要的问题）、资源浪费、环境恶化、国有企业垄断资源类行业、效率低下，以及民营企业，尤其是中小企业增长乏力。就业增长放缓是中国面临的最大挑战，随着中国经济增长模式的转变，将变得更加严峻。

中国政府希望对工业结构实施重大改革，以应对今后5年间将出现的挑战。政府计划推广现代农业、优化主要产业的产业结构，最为重要的是，将服务业发展为能够促进收入和就业增长的产业。我们的预测显示，在今后5年，服务业和工业将平分秋色，而农业在GDP中的比重将略下滑至8%(见图4)。我们的预测显示，到2030年，服务业将占到GDP的53%，而工业则为42%。在就业方面，到2030年，服务业就业比重可能从2012年的36%提高到52%。而农业的比重可能从34%下滑至19%。同时，工业就业比重将保持相对稳定，从2012年的30%略降至2030年的29%。

20年后中国城市格局大不同

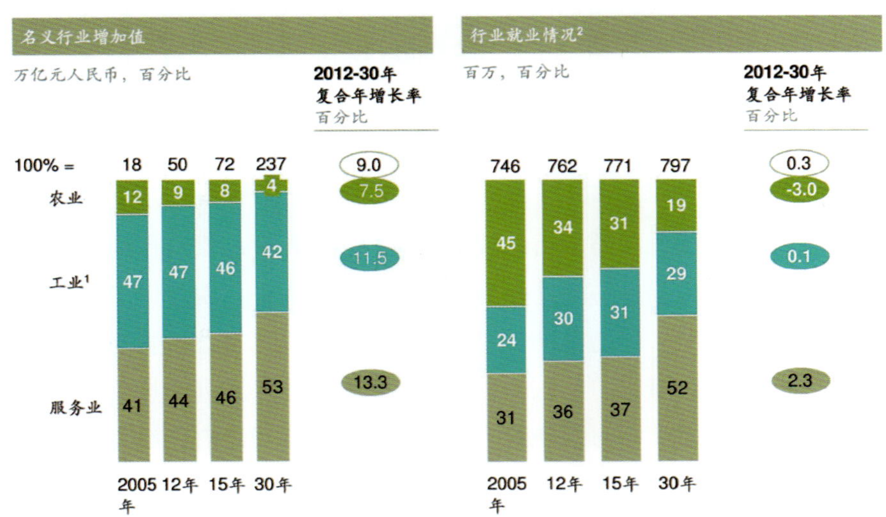

1 工业包括采矿、制造、电力/天然气/水生产和供应及建筑业
2 劳动生产力的假设来源于世界银行2012年2月份报告《2030年的中国：建立现代、和谐和创新的高收入社会》
资料来源：CEIC，世界银行，青锡解读中国－宏观经济模型（2012年，第六版）

图4　服务业占比将进一步提高，并成为长期就业增长的主要动力

城市劳动力增长逼近极限

未来20年，中国将持续城市化进程，与此同时城市劳动力储备也将停止增长。根本原因在于人口老龄化：2012~2030年，0~14岁人群每年将会减少1.2%，而65岁以上的人群每年则会增长3.9%。因此，中国将会面临劳动力减少，非劳动人口占总人口较大比例的局面。今后10年，随着人口年龄结构的变化，适龄农民工数量很可能减少。

这一趋势在南方沿海城市尤为显著。与此相对的是，随着内陆城市总体就业机会的扩大，这些地区的农民可能选择靠近家乡务工，以保留在农村居住而在城区务工的好处。

日渐富裕且生产力更高的城市居民

城市家庭将日益富裕。到2030年，消费增长将主要来自于以快速增长的中等和高收入城市人群。我们的预测显示，这一类别的城市家庭数量占全国城市家庭数量的比例将从2012年的71%提高到2030年的87%。最富裕的家庭将成为最大的消费贡献者：到2030年，最富裕家庭数量占到城市全部家庭数量的1/4，而这一部分家庭的消费将占到城市消费总量的足足一半。与其相对应的消费行为的变化则是必需品向非必需消费品支出的转变，例如个人用品、娱乐、教育和文化支出以及交通和通信支出的增加。

农村消费市场仍在增长。中国政府正制定旨在缩小城乡收入差距的措施，例如降低农业税、增加消费补贴、加强农村社会保障和完善农村居住条件等措施。此外，由于不断提高的农产品价格以及劳动生产率，农村居民收入的增长将比以往更快。

资源压力

但是，日渐庞大、日益富裕的城市人口对能源和食品供给也构成了压力。政府已在采取措施应对这些挑战。比如，努力提高农业生产率和保护农业用地；同时，努力推动替代能源的发展，满足日益增长的能源需求，以缓解石油大量进口的压力；此外，也制定了一系列优惠政策来推动天然气、电动车、可再生能源的开发和使用。中国政府还努力收购海外能源资产，以降低对单一能源供应方的依赖度。

未来发展的增长极——中小城市

超大型城市将不再是发展最快的城市。在未来20年间，目前人口少于150万的中小型城市对中国GDP增长的贡献最大。到2030年，中小型城市将成为中国经济增长的最大推动力，其对城镇总GDP增长的贡献将达到40%。现有人口在150~500万人之间的城市将贡献城镇总GDP增长的25%，而现有人口已经超过500万的城市贡献率约为35%。

我们定义了22个城市群：众多小城市将围绕在超级城市或区域中心城市周围，形成中心-辐射格局。例如，到2020年，山东城市群(以济南和青岛为中心)的GDP将接近今天韩国的规模，而中原城市群(以郑州为中心)将接近丹麦GDP(见图5)。

城市将基于自身的比较优势，选择生产率驱动或者人口驱动的发展模式。科技对互联网和电子商务功莫大焉。低劳动力成本城市可参与互联网业务投资竞争(如订单实施、呼叫中心和数据处理)，实现传统产业的跨越升级。电子商务会使专注于此类业务的中型城市得到加速发展的机会。靠近上海的杭州拥有600多万城镇人口，现在拥有了一张新的名片——中国电子商务之都。杭州电子商务就业人数为中国第三，仅次于北京和上海。杭州拥有中国1/3以上的电子商务和互联网公司，电子商务总收入占中国2/3以上。互联网已成为杭州新的增长引擎。

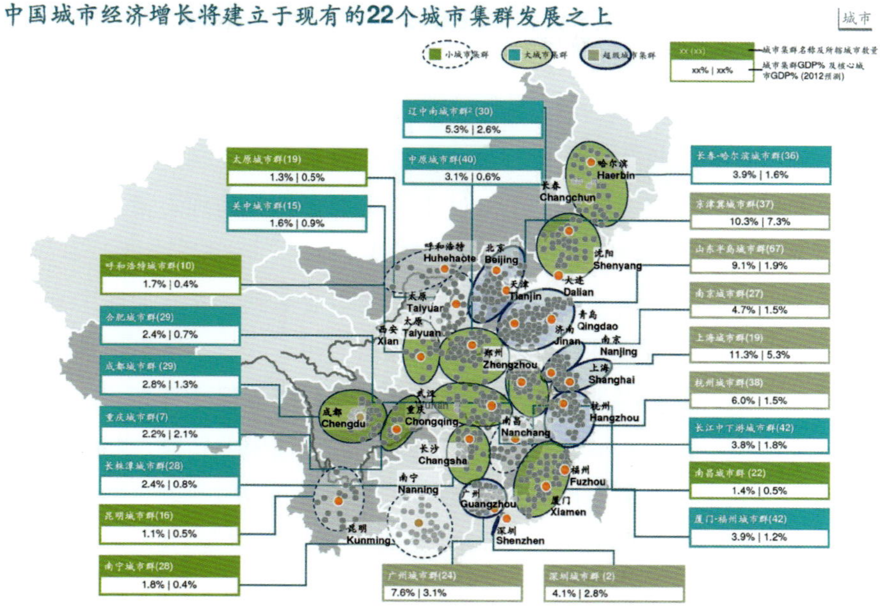

资料来源：麦肯锡解读中国－宏观经济模型(2012年第六版)

图5 中国城市经济增长将建立于现有的22个城市集群发展之上

对企业的启示

中国经济未来的走向对企业影响巨大而深远。中国目前的GDP约为6万亿美元，到2020年可能达到11万亿美元（以2010年美元计价），规模相当于德国目前的GDP规模的两倍。收入提高、储蓄率下降、贫富差距缩小，都有助于提高购买力。所以，中国为全球企业提供了史无前例的巨大机遇。企业可采取六大行动调整中国市场战略和业务重心。

1. “定制”城市解决方案

如前所述，六个千万人口超大型城市是中国目前最发达的城市。但在20年后，中小型城市将成长为最重要的增长引擎和支撑中国长期增长的基石。此外，西部地区的城市在政府支持下发展也会较快。到2025年，还会有四座城市加入千万人口城市俱乐部，其中两座就在西部：成都和重庆。

针对小城市市场的产品设计变得越来越重要。内陆地区的小城市，其消费者行为正在快速变化。但是，要做出及时响应却很难，因为当地的关键购买因素和媒体有效性与大城市不同。例如，小城市的消费者购买洗衣粉时更看重价格，促销和店内广告对当地消费者的影响更大。

企业应摒弃“一刀切”的商业策略，对不同城市采取差异化的营销和经营模式。只有通过更加深入、细致地了解消费者，才能设计出行之有效的营销策略，更高效地配置资本和人力资源以及产品创新。

2．实现资源的智能化配置

核心城市已无法承载占地多、工资低的制造业，这类制造业将从城市群的中心城市转移至小城市。中心城市将转变角色，为周边城市的制造业提供服务支持，比如研发、营销和物流等。

成都是一个很好的例子。成都拥有成熟的工业基础，并有七所国家重点大学和丰富的水电及油气资源，同时劳动力和土地成本比沿海地区更有优势。成都目前正在调整其城市圈内资源配置以确保未来增长。成都作为成都城市群的中心城市，正在向服务业和高技术业转型，将制造业逐渐转移进入市郊的新建产业园或德阳和绵阳等周边城市。企业应根据资源优势和不同城市群的特点来确定城市群资源配置方案。

3．为人民服务

这是毛泽东时代的口号，但在中国的市场化进程中，服务业会变得越来越重要。对消费品企业而言，在大力推进现代商业零售网络进入小城市和农村，发展新型消费品产业，提升服务品质的提升等方面都有重大发展机遇。例如，沿海地区居民对送餐、送货等服务需求正日渐增大。金融、咨询和物流等商业服务将随着工业的发展而加速成长。随着家庭需求的增加，创意产业，如教育、文化和娱乐业，也蕴藏着无穷潜力。

4．多品牌组合管理

虽然中国正在逐渐融入全球经济体，但中国很多行业的产品质量与和跨国同行仍存在差异，这也是中国政府希望解决的问题。收购外国品牌、购买技术、设立合资公司、与专业化公司合作(例如，整车厂与汽车设计商的合作)都是中国企业的选择。同时，对跨国公司而言，建立合资公司也是很好的机会。

企业应该识别出长期潜力最大的准中产阶层，通过产品设计、品牌推广、市场营销等战略，尽早建立品牌忠诚度。随着这一群体财富的增长，他们对非必需品消费的需求也将增长，这就是企业的增长机会。人们愿意花更多的钱购买熟食或到餐厅用餐——这属于我们预计增长的服务相关产业。休闲产业(例如电影、剧院、咖啡馆)、旅游、美容产品和美容护理都有望快速增长。例如，我们预计文化、娱乐和教育相关支出每年已超过1600亿美元，并将以年均12%的速度增长。

5. 规划人力资源战略

前面我们探讨过，建筑、零售和餐饮等劳动力密集型产业将面临高素质劳动力短缺和劳动力成本提高的压力。企业应通过自动化生产和培训提升劳动生产率，通过更好的工作环境和公平的晋升机制提升员工忠诚度，并使生产过程更加灵活。

要吸引高素质人才，工资待遇仍然是重要因素，但并非唯一因素。当今的员工已不同于他们的父辈工作任劳任怨；80后一代对工作条件的要求更高，包括舒适的工作环境，良好的职业发展，以及灵活的工作时间。企业必须应对这些变化，才能留住人才。

6. 为中国创新

中国消费者的变化引导着人和产品之间，以及国内和国际市场之间的关系变化。许多外资品牌必须根据中国市场调整后才有可能在中国取得成功，从豪华轿车的小桌板到快餐店的自选菜单都不例外。与曾经的日本如出一辙，中国早就以卓越的模仿能力闻名世界；下一步则是通过研发和加强消费者研究取得创新突破。

希望在中国成功实现创新的企业应采取以下步骤：在中国培养本土创新能力，或在深入了解中国市场的基础上利用全球创新资源。此外，跨国企业还应及时合理的利用中国政府鼓励创新的政策。我们在《CEO中国创新指南》[2]中谈到，跨国企业在中国的创新应贯彻风险文化，推动跨团队协作。Q

Jonathan Woetzel (华强森) 是麦肯锡上海分公司全球资深董事；
李秀军和程欣是上海分公司咨询顾问。

[2] Gordon Orr和Erik Roth, “A CEO’s guide to innovation in China” 麦肯锡季刊, 2012年2月。

McKinsey Quarterly

2008

《领导力与创新》

《中国的全球挑战》

《应对气候变化》

《女性与领导力》

2009

《危机：管理的新时代》

《医疗改革从何入手》

《政府与商界：新时期新规则》

《争夺亚洲消费者》

2010

《剧变时期的战略与领导力》

《明察战略决策偏见》

《如何在重新平衡的全球经济中竞争》

《非洲：经济增长的新大陆》

《十大技术趋势改变商业模式》

2011

《2011议程构想》

《如何重启增长》

《乐观的中国消费者》

2012

《创新中国》

《社交媒体与新消费时代》

《建设世界级的中国企业》

《城市化的中国：机遇与挑战》

北京

麦肯锡公司北京分公司
北京市朝阳区光华路1 号
嘉里中心南楼19 楼
邮编：100020
电话：(86-10)6561-3366
传真：(86-10)8529-8038

香港

麦肯锡公司香港分公司
香港中环花园道3号
中国工商银行大厦40楼
电话：(852)2868-1188
传真：(852)2845-9985

上海

麦肯锡公司上海分公司
上海市太仓路233 号
新茂大厦17 楼
邮编：200020
电话：(86-21)6385-8888
传真：(86-21)6386-2000

台北

麦肯锡公司台北分公司
台北市信义路五段七号47 楼
邮编：110
电话：(886-2)8758-6700
传真：(886-2)8758-7700